Peter Köster

Die Übung des Herzensgebetes

nach der Tradition
der Ostkirchen

Peter Köster

Die Übung des Herzensgebetes

nach der Tradition der Ostkirchen

eos

Umschlagbild: Christus der Erlöser, erste Hälfte 14. Jahrhundert

1. Auflage 2007
Deutsche Erstausgabe

mail@eos-verlag.de
www.eos-verlag.de

ISBN 978-3-8306-7312-5

Bibliografische Information der Deutschen Bibliothek
Die Deutsche Bibliothek verzeichnet diese Publikation in der Deutschen Nationalbibliografie; detaillierte bibliografische Angaben sind im Internet unter http://dnb.ddb.de abrufbar.

Druck und Bindung: EOS-Druck, St. Ottilien

Inhaltsverzeichnis

Vorwort

In seiner kleinen Schrift »Das Herzensgebet« erzählt Jean-Yves Leloup, wie Starez Séraphim, ein alter Mönch vom Berge Athos, einen jungen Intellektuellen in die Gebetsweise der »Hesychasten« einführt. Das zentrale Moment dieser kontemplativen Gebetstradition ist das Mühen um »Hesychia«, jener wachen und schöpferischen Herzensruhe, jener Qualität des Schweigens und der Stille, in der das geschehen kann, was Johannes der Täufer über Christus sagt: »Er muss wachsen, ich aber abnehmen« (Johannes 3,30). Der junge Mann suchte keine weitere Abhandlung über diese Gebetsweise, sondern eine *Initiation*, die es ihm ermöglichte, »sie von innen zu erleben und aus Erfahrung zu verstehen«.

Starez Séraphim hatte die Gabe der Herzenskenntnis. Schritt für Schritt weihte er den Suchenden ein, indem er ihn zunächst die leibliche Dimension der Gebetsübungen durchleben ließ, damit er empfänglich wird für die Gnade der Hesychia, der ungeteilten Hinwendung von Herz und Verstand zu Gott. So zeigte er ihm als erstes ein gewaltiges Felsmassiv und wies ihn an, wie ein Berg zu beten, um sich leiblich zu erden, zu verwurzeln in einem guten Sitz. Dann führte er den jungen Mann in die Gartenecke seiner Einsiedelei, wo zwischen Unkraut eine Mohnblume blühte. Er ließ ihn beten wie diese Blume, bis sich seine Wirbelsäule aus ihrer Verwurzelung aufrichtete und bis er seine innere Ausrichtung fand. So ging es mit weiteren Bildern und Symbolen über viele Wochen, bis der junge Mann innerlich so gereift war, dass Starez Séraphim ihn schließlich lehren konnte, wie Jesus zu beten.

Ich habe mich bei meiner Einführung ins Herzensgebet z.T. an diesen Bildern und Symbolen orientiert und versucht, sie mit dem zu verdeutlichen, was mir aus dem Erfahrungsschatz dieser Gebetstradition bisher zugewachsen ist und was an biblischen Zusammenhängen sich als stimmig erwies. Die einzelnen Schritte dieser Einführung können am besten von innen her gelebt und verstanden werden, wenn ein ernsthaft Suchender bei einem Bild oder Symbol oder bei einer der genannten Urgestalten des Gebetes so lange verweilt, bis er über längere Zeit die Resonanz wahrnimmt, die sie jeweils leib-seelisch und in seinem Herzen auslöst. Es empfiehlt sich also, während der ein oder zwei täglichen Gebetszeiten über wenigstens eine Woche hin bei einem Motiv zu bleiben. Organischer kann man freilich in diese kontemplative Gebetsweise hineinfinden, wenn man von jemand eingeführt und begleitet wird, der in dieser hesychastischen Tradition beheimatet ist, die Gabe der Herzenskenntnis *(kardiognosis)* hat und im Geist der Unterscheidung *(diakrisis)* geübt ist.

Der zweite Teil der Einführung bringt nach einigen Vorbemerkungen einen geschichtlichen Überblick über die Entwicklung und Verbreitung des Jesusgebetes und eine mehr systematische Darstellung der hesychastischen Gebetsweise. Abgeschlossen wird dieser Teil mit dem theologischen Zusammenhang, in dem das Jesusgebet nach dem hl. Gregor vom Sinai steht. Er ist einer der großen Lehrer dieses kontemplativen Weges. Der systematische Teil ist eine überarbeitete und erweiterte Fassung aus einer früheren Publikation »Beten lernen«.

Peter Köster SJ

Erster Teil

Eine initiatische Hinführung zum Herzensgebet

Beten wie ein Berg

Beten heißt zunächst »sitzen« – *etwas ganz und gar Leibliches,*
einfach da sein – in einem guten Sitz,
breit und schwer aufruhen – wie ein Berg mit seinem ganzen Gewicht –
unbeweglich und durchlässig zugleich.

Beten heißt zur Anwesenheit kommen,
einfach da sein, ohne etwas Bestimmtes zu wollen –
im Schweigen vor jedem Gedanken,
vor jeder Freude und jedem Schmerz
im Bewusstsein, Zeit zu haben – wie ein Berg,
eingetaucht sein in den Atem der Ewigkeit.

Dann ändert sich das Zeitgefühl,
auch die Gedanken ändern sich:
Man sieht, ohne gleich zu urteilen.
Alles darf zunächst so sein, wie es ist.

Der Berg ist auch ein Symbol der Beständigkeit.
Seit Menschengedenken steht er unverrückbar in der Landschaft.
Jahrtausende haben seine äußere Gestalt kaum verändert.
Beständigkeit ist eine Haltung,
die für den Weg des Herzensgebetes unerlässlich ist.

Von alters her wird der Berg
als Verbindung von Himmel und Erde gesehen,
als symbolischer Ort der Begegnung mit Gott.

Am Anfang seines Weges mit Gott
wird Mose am Berg Horeb bei seinem Namen gerufen –
unüberhörbar: Mose, Mose!
Wenn ein Mensch so bei seinem Namen gerufen wird,
muss er innehalten und schweigend lauschen.

Nach dem Auszug aus Ägypten wird Mose auf dem selben Berg
vierzig Tage und vierzig Nächte vom Feuer göttlicher Nähe geläutert,
um von Gott die neue Lebensordnung für Israel entgegenzunehmen.

Am Ende seines Weges mit Gott – nach vierzig Jahren in der Wüste –
wird Mose aufgefordert, den Gipfel des Pisga zu besteigen
und das verheißene Land von allen Himmelsrichtungen her
zu schauen und für Israel in Besitz zu nehmen,
um sich dann in Gottes unverfügbaren Willen zu fügen.

Jesus hat auf dem Berg der Verklärung
die Nähe des Vaters erfahren und von ihm die Gewissheit,
der Finsternis von Gethsemani und Golgotha standzuhalten.

Nach der Auferstehung werden die Jünger auf den Ölberg geführt
und erfahren dort, dass der Segen des Auferstandenen
ihr Leben und Wirken begleitet – bis ans Ende der Welt.

Von alters her wird der Berg
als Verbindung von Himmel und Erde gesehen,
als symbolischer Ort der Begegnung mit Gott.
Beten wie ein Berg heißt auch,
sich selbst zu sehen als einen Ort der Begegnung mit Gott,
als einen Ort, über dem der Himmel offen ist,
wo die Engel Gottes auf- und niedersteigen (Genesis 28,12).

Beten wie eine Mohnblume

Beten heißt zunächst »sich aufrichten« –
wieder etwas ganz und gar Leibliches,
sich vom Becken, vom Kreuzbein her aufrichten –
Wirbel für Wirbel bis zum Scheitelpunkt des Hauptes,
sich dem Licht entgegenstrecken wie eine Mohnblume,
einfach da sein, durchlässig im leichten Schwingen der Wirbelsäule.

Die Mohnblume ist auch ein Symbol der Vergänglichkeit.
Sie erinnert uns an das schnelle Verblühen,
an die Brüchigkeit und Zerbrechlichkeit menschlichen Lebens:
»Des Menschen Tage sind wie Gras,
er blüht wie die Blume des Feldes.
Fährt der Wind darüber, ist sie dahin,
der Ort, wo sie stand, weiß von ihr nichts mehr« (Psalm 103,15f.)
Die Zeit, die uns geschenkt ist,
sich ganz auf Christus auszurichten, ist begrenzt.

Beten heißt auch,
die Ewigkeit im Vergehen des Augenblicks zu erkennen,
aufrecht und aufrichtig sich auszurichten,
sich dem Licht entgegenzustrecken, das Christus ist (Johannes 8,12) –
sich ganz für seine Gegenwart zu öffnen –
absichtslos über sich hinaus

mit der ganzen Sehnsucht unseres Herzens,
bis unser ganzes Wesen einstimmen kann
in diese Ausrichtung.

Dann ändert sich unsere Sichtweise,
auch die Gedanken werden andere.
Man sieht mehr mit dem Herzen.
Alles hat Ansehen von dem Licht,
das in diese Welt gekommen ist,
um alle Menschen zu erleuchten (Johannes 1,9).

Alles ist eingetaucht
in das aufstrahlende Licht aus der Höhe (Lukas 1,57),
in das mitfühlende Erbarmen dessen,
der unsere Schatten durchwandert
und wandeln will in den Anfang
eines neuen Anbruchs mit ihm:
Jesus, Herr, erbarme Dich (meiner)!

So kommen wir in Einklang mit dem Leben,
das größer ist als wir,
das uns in seinen Dienst nimmt
und dem wir uns fügen.

Wir erfahren uns als Geschöpfe,
in Christus Jesus dazu bestimmt,
die guten Werke zu tun,
die er uns im Voraus bereitet hat (Epheser 2,10).

Beten wie das Meer

Beten heißt zunächst »sich dem Atem überlassen« –
wieder etwas ganz und gar Leibliches,
einfach geschehen lassen, ohne etwas zu machen,
sich der unablässigen Bewegung des Kommens und Gehens anvertrauen
wie eine Planke getragen von den Wellen des Meeres,
sich tragen lassen vom Rhythmus der Atemwellen –
im Bewusstsein, dass in der Tiefe des Herzens eine Ruhe da ist,
auch wenn die Oberfläche von Wellen bewegt wird.
Auf dem Grund des Herzens bleibt es ruhig
wie auf dem Grund des Meeres.
Diese Ruhe wartet darauf, von mir zugelassen zu werden.

Beten heißt auch, dem Atem zu lauschen
und mich von ihm dem Leben näher zu bringen, das Christus ist.
»Wer aufmerksam seinem Atem lauscht,
ist nicht weit von Gott« (Starez Séraphim).

Wer sich dem Rhythmus des Atems überlässt,
nähert sich der Bewegung des Herzens,
die von alten Kränkungen und Vorurteilen,
von alten Ansprüchen und Vorwürfen lassen möchte,
um aufmerksam dem zu lauschen,
was das Leben *jetzt* als Geschenk für uns bereit hält.

Die Bewegung der Meereswellen erinnert daran,
dass alles, was dem Meer nicht bekommt,
in einer unablässigen Bewegung an Land gespült wird.
Je näher ich dem Leben komme,
begegne ich dem, was dem Leben widerspricht und heraus muss.
Beten heißt also auch,
Christus bis in jene Tiefen unseres Bewusstseins hinabsteigen zu lassen,
die noch unbewohnt sind von ihm,
und die sich weigern oder außerstande sind, ihm anzugehören.

Beten wie ein Vogel

Beten heißt zunächst »ein Gebetswort wiederholen« –
ruhig und gleichmäßig wie der Flügelschlag eines Vogels –
einfach so – ohne über den Sinn des Wortes nachzudenken.

Beten mit *einem* Wort oder *einem* Satz,
um die Gedanken zu binden.

Das Wort oder den Satz fließen lassen
in einer sanften natürlichen Weise
wie der Flügelschlag eines Vogels
mit innerer Aufmerksamkeit und Konzentration,
aber ohne Anstrengung,
ohne selbstverursachte Intensität oder künstliche Emotion.

Alle Gedanken, alle Bilder und Erinnerungen vorüberziehen lassen,
unser Gebet freihalten von Farben und Formen jeder Art.

Das Wort tief in sich hineinnehmen,
so tief, dass es nicht verklingt, was auch kommen mag.
So findet unser Geist allmählich
von dem Vielerlei zur Einfachheit,
von der Zerstreuung zur Einheit – bis er fähig wird,

hinabzusteigen ins Herz und dort zu verweilen –
im Gedenken an den Einen: Jesus Christus.

Herr Jesus Christus,
erbarme Dich meiner!

Hat der Vogel seine Höhe erreicht,
gleitet er im Flug dahin;
nur hin und wieder schlägt er mit den Flügeln,
um sich in der Luft zu halten.
So können wir beim Beten,
wenn die Gegenwart Jesu uns erfüllt,
seinen Namen in uns nachklingen lassen,
ohne ihn zu wiederholen,
bis sich in das Gedenken an den Einen
fremde Gedanken und Bilder hineindrängen.

Herr Jesus Christus,
erbarme Dich meiner!

Jesus!

Beten wie ein Berg,
wie eine Mohnblume,
wie das Meer und wie ein Vogel –
alles Elemente der Natur,
die uns daran erinnern,
dass diese verschiedenen Seinsebenen,
die den Makrokosmos bilden,
auch Teil unserer eigenen Natur sind:
die mineralische, die vegetative
und die animalische Ebene.

Häufig hat der Mensch
den Kontakt zum Kosmos,
zu den Kräften der Natur
und den Tieren verloren
und fühlt sich in seiner Welt nicht zuhause.
Ungeborgenheit und Angst,
alle möglichen Beschwerden
und Krankheiten sind die Folge.

Von unserer leib-geistigen Einheit her
ist darauf zu achten,
dass wir bei allen Gebetsübungen
den Leib mit einbeziehen
und dass unsere Natur heil wird,

damit sie für die Gnade empfänglich ist.
Von seinem Ursprung her
steht der Mensch
im Mittelpunkt der Schöpfung.
Der Lobpreis des Universums
kommt in ihm zum Bewusstsein.

»Das Geheimnis Gottes
schläft im Stein,
atmet in der Pflanze,
regt sich im Tier
und erwacht im Menschen.«

nach Thomas von Aquin

Beten wie Abraham

Beten heißt »da-sein mit einem Du«,
die Bindung des Bewusstseins und des Herzens an ein Du,
das größer ist als unser Bewusstsein, größer als unser Herz –
im Wissen, dass ich wie Abraham nur eine Zukunft habe,
wenn ich anderen zum Segen werde.

Im Aufschauen zu den unendlichen Weiten des Sternenhimmels
wurde er der unermesslichen Schöpferkraft Jahwes inne.
Sein Blick löste sich von der Enge
seiner augenblicklichen Aussichtslosigkeit
und machte sich fest in Jahwe,
seiner bedingungslosen Verlässlichkeit und Treue.

Beten wie Abraham führt dazu,
die Fremden, die – wie bei den Eichen von Mamre –
so überraschend plötzlich vor ihm stehen,
gastlich aufzunehmen,
so dass sie sich als Boten Jahwes offenbaren können.

Links: Betender Abraham, Wiener Genesis, 1. Hälfte 6. Jahrhundert

Wer wie Abraham betet,
in dem erwacht die Liebe zu allen Menschen – so sehr,
dass er ganz von der Heilssorge um die Menschen erfüllt ist.
Er tritt für das Leben der Menschen vor Gott ein
und vertraut darauf, dass Jahwes Wille zu retten
stärker ist als seine Möglichkeit zu vernichten.

Diese Art zu beten verändert die Einstellung,
alles Mögliche zu kritisieren und zu verurteilen.

Beten wie Abraham kann schließlich dazu führen,
dass ich in eine Dunkelheit, in eine Nacht der Sinne geführt werde,
wo ich Gott nicht mehr verstehe.
Musste Abraham vor Beginn seines Aufbruchs
sich von seiner Vergangenheit trennen,
so kam die Stunde, da von ihm verlangt wurde,
mit seinem einzigen Sohn seine ganze Zukunft preiszugeben.

Er wurde herausgefordert,
dem zu vertrauen und zu gehorchen,
der alles Verstehen und Begreifen übersteigt.

Als Abraham den Gipfel seines Gehorsam überschritten hat,
entdeckt er das Geheimnis seines Lebens:
dass alles Jahwe gehört.

Beten wie die Witwe vor dem gottlosen Richter

Beten heißt: im Wissen um die Größe unseres Menschseins
Gott ansprechen und sich nicht davon abbringen lassen –
im Wissen um meine Gefährdungen,
im Vertrauen, dass er mir beisteht,
damit sein Wille geschehe und ich über mich selbst hinauswachse,
damit mein ganzes Sein sich ausrichtet auf Gott,
und ich zu der endzeitlichen Grundhaltung finde,
die der Menschensohn bei seinem Kommen »sucht«.

Jesus, Herr, erbarme Dich meiner!

Beten wie die *Syrophönizierin,*
die als Fremde ihre Bedenken überwindet
und ihre Grenzen überschreitet;
die Jesus keine Ruhe lässt mit ihrer Not,
der sie selbst nicht Herr werden kann;
die sich durch Jesu Abweisung nicht entmutigen lässt –
im Wissen, dass es für sie keine Alternative gibt,
bis ihr Glaube Jesus bewegt, so sehr,
dass er sie befreit von der unheimlichen Macht,
der sie nicht gewachsen ist.

Jesus, Herr, erbarme Dich meiner!

Beten wie der *Blinde von Jericho*
mit Ehrfurcht und Leidenschaft,
gegen allen Widerstand und Widerspruch
mit der ganzen Kraft meines Herzens,
im Wissen um meine Bedürftigkeit,
um meine Grenzen und mein Unvermögen;
im Wissen, dass ich von mir aus
nicht sehen, nicht »aufblicken« kann;
mit der Sehnsucht, dass ich wieder sehen,
wieder »aufblicken« kann,
damit mein Blick sich weitet und ich Durchsicht bekomme,
dass ich sehe, wo ich mir selbst im Weg bin.
Beten mit der ganzen Sehnsucht
und Hingabe meines Herzens,
dass ich mit Jesus den Weg gehen kann –
hinauf nach Jerusalem:

Jesus, Herr, erbarme Dich meiner!

Rechts: Verklärung Christi auf Tabor, Königin Keran-Evangeliar, 1272

Beten wie Jesus

Beten heißt »da-sein mit einem Du, das Jesus ist«,
die Bindung unseres Bewusstseins und unseres Herzens an Jesus:
Herr, Jesus Christus, Sohn Gottes, erbarme Dich (meiner)!
oder: Jesus, Herr, erbarme Dich!
oder nur das *eine* Wort: *Jesus!*

Wer wie Jesus beten will, muss Sohn werden oder Tochter.
Das geschieht im Heiligen Geist wie bei seiner Taufe im Jordan,
als die Stimme des Vaters aus den Himmeln geschah:
»Du bist mein Sohn, der geliebte, an dir habe ich Gefallen.«
Dieser Einbruch des Himmels in seine Erfahrung
bestimmte von dieser Stunde an sein Selbstbewusstsein und sein Gottesbild.

Die Gewissheit, Gott als liebenden Vater zu haben,
zog ihn immer wieder in die Einsamkeit und das Schweigen,
in jene Stille, die der Urstoff des Betens ist.
Er suchte das Schweigen,
um unter den vielen Stimmen dieser Welt,
das Wort des Vaters zu erkennen.

Links: Christus der Erlöser, Ende 13. Jahrhundert

Er suchte jene Einsamkeit,
in der alle äußere Aufmerksamkeit und alle Beschäftigung ruht,
und er sich ungeteilt dem Wort und Geheimnis des Vaters überlassen konnte.
Aus dieser innigen Verbundenheit mit ihm
fand Jesus zu der kraftvollen Klarheit
und unabhängigen Entschiedenheit,
die sein Leben bestimmte.

Wie hätte er sonst die Kraft aufbringen können,
die Menschen aus ihrer inneren Zerrissenheit und Entfremdung
zu sich selbst zurückzuführen?
Wie hätte er sonst der Finsternis standhalten können,
die sein Sterbenmüssen von Menschenhand umgab und durchdrang?

So ist Jesus zu einem Zeichen geworden,
wie Gott letztlich in dieser Welt erreicht wird
und unser Leben nicht in Sinnlosigkeit und Vernichtung endet.
Darum können wir uns an ihn wenden
und aus der Tiefe unseres Herzens beten:
Herr, Jesus Christus, Sohn Gottes,
erbarme Dich (meiner)!

Im Binden unseres Bewusstseins
und unseres Herzens an Jesus
gelangen wir zu dem »Ort«,
wo Urbild und Abbild Gottes sich begegnen
und unsere ursprüngliche Gestalt sich erneuert.

Die Übung des Herzensgebetes im Alltag

Wenn wir in der Unruhe und dem Lärm des Alltags,
unter dem Druck von Erwartungen und Ansprüchen
uns in Zeitnot fühlen, denken wir den *Berg,*
der zeitlos und beständig da ist.
Nehmen wir Kontakt zum Boden und verwurzeln uns.

Wenn Stolz und Eitelkeit uns überkommen und antreiben,
denken wir an die *Mohnblume,* die schnell verblüht,
und versuchen, im Vergehen des Augenblicks
die Ewigkeit zu erkennen
und uns absichtslos Gottes Gegenwart zu öffnen.

Wenn Trauer und Wut in uns aufsteigen,
wenn Überdruss und dunkle Leidenschaft nach uns fassen,
denken wir an das *Meer*
und überlassen uns dem Rhythmus des Atems –,
bis wir die Stille auf dem Grund unseres Herzens spüren.

Wenn die Gedanken wie Affen
in unserem Kopf hin- und herspringen
und der Strom ruheloser Bilder nicht versiegt,
denken wir an den *Vogel,*
der mit ruhigem Flügelschlag seine Bahn zieht

und wieder-holen wir unser Gebetswort,
bis der Geist allmählich zur Sammlung findet
und wir von Neuem wahrnehmen,
dass die Gegenwart des Herrn uns berührt.

Wenn wir das Leid der Menschen sehen,
ihre Bosheit und unsere Ohnmacht erfahren,
denken wir an *Abraham,*
der bei Gott für die Menschen einstand.
Wenn wir in die Nacht der Sinne geführt werden
und an Gott und an uns selbst zweifeln,
versuchen wir – wie er – zu vertrauen
und in der Witterung zu bleiben,
bis sich das Geheimnis unseres Lebensgehorsams zeigt.

Wenn wir recht- und schutzlos anderen ausgeliefert sind
und mit unserer Not bei niemand Hilfe finden;
wenn das Leben uns so niederdrückt,
dass wir nicht mehr »aufblicken« können,
denken wir an die *Witwe* oder die *Heidin* oder den *Blinden,*
und besinnen uns auf die Größe unseres Menschseins,
auf die Kraft unserer Sehnsucht
und rufen aus ganzem Herzen:
Jesus, Herr, erbarme Dich meiner!

Wenn man uns verleumdet und alles Mögliche anhängt,
wenn wir der Willkür anderer ausgeliefert sind,
denken wir an *Jesus,* an die Stimme aus dem Himmel:

»Du bist mein geliebter Sohn, meine geliebte Tochter!
An dir habe ich Wohlgefallen!«
und beten zu ihm im Vertrauen, dass unser Leben –
wie seines – nicht in Sinnlosigkeit und Vernichtung endet:
Herr, erbarme Dich (meiner)!

Versuchen wir all unsere Seelenkräfte
im Herzen zu sammeln
und auf den Herrn auszurichten,
bis uns seine Nähe geschenkt wird,
und wir in seine Gebetshaltung hineinfinden:
»Vater, in deine Hände lege ich meinen Geist!«

So können wir uns einwurzeln
in die Erde menschlicher Schicksale
und im Vergehen darauf vertrauen,
dass wir Frucht bringen:
»dreißigfach, sechzigfach, hundertfach.«

Zweiter Teil

Eine systematische Darstellung der hesychastischen Gebetsweise

1. Vorbemerkungen

Im zweiten Buch der Könige wird erzählt, dass Naaman, der Feldherr des Königs von Aram, eine bestimmte Vorstellung davon hatte, wie der Prophet Elischa ihn vom Aussatz heilen würde: Ein komplizierter Vorgang, feierlich vollzogen – und alles ganz ernst (vgl. 2 Könige 5,1-16).

(1) Wenn hier von der kontemplativen Gebetsweise des Herzensgebetes gesprochen wird, soll das nicht zu feierlich geschehen. Es liegt durchaus im Interesse dieser Tradition mit einem gewissen Humor an die kontemplativen Übungen heranzugehen. Denn Humor ist eine tiefere Art von Ernsthaftigkeit. Dabei geht es weniger darum, etwas Neues zu vermitteln, als vielmehr zum Vorschein kommen zu lassen bzw. zu verdeutlichen, was längst da ist und (möglicherweise) darauf wartet, sich zu offenbaren.

Diese Darstellung will helfen, auf den Geschmack des Herzensgebetes zu kommen und in einen Übungsweg einzuführen, der praktisch bis zu den Ursprüngen des christlichen Mönchtums in der ägyptischen Wüste (3. Jh. n. Chr.) zurückreicht. Vielleicht ist es einer der größten Fehler, die wir Christen haben und deren Folgen wir heute so stark zu spüren bekommen: dass wir den großen Reichtum vergessen, der uns schon gehört.

(2) Eines der größten Probleme bei diesem kontemplativen Übungsweg ist, dass er so *einfach* ist. Viele Menschen hegen – ähnlich wie Naaman damals

– ein Misstrauen gegenüber dem Einfachen. Sie sind meist gewohnt, mit komplexen Sachverhalten umzugehen und auf erlernbare Techniken zu vertrauen. Als moderne Menschen kann es uns passieren, dass wir an Gott denken als ein Problem, das wir lösen müssten, dass wir an unser Leben denken als ein Problem, das wir auch lösen müssten. Und um das Problem in den Griff zu bekommen, brauchen wir eine entsprechende Technik. Nun lehrt aber unsere kirchliche Tradition, dass Gott kein Problem ist und dass unser Leben auch kein Problem ist. Gott ist Mysterium. Unser Leben ist auch ein Mysterium. Und einem Geheimnis kann man nicht mit Techniken beikommen. Einem Geheimnis gegenüber gibt es nur *eine* angemessene Weise des Verhaltens: ihm die Möglichkeit geben, sich zu offenbaren. Als Naaman sich schließlich von seinen Dienern überreden ließ, den *einfachen* Anweisungen des Propheten Elischa zu folgen, konnte Jahwe sich ihm offenbaren, so dass der Geheilte bekannte: »Jetzt weiß ich, dass es nirgends auf der Welt einen Gott gibt, außer in Israel« (2 Könige 5,15).

(3) Wenn wir so ins Gebet gehen, tun wir genau das: wir geben Gott die Möglichkeit, sich zu offenbaren, d. h. wir erlauben Gott, Gott zu sein, und wir erlauben uns, wir selbst zu sein – in seiner Gegenwart.

Der Weg dorthin ist – wie gesagt – *einfach*: Wir wählen *ein* Gebetswort oder *einen* Gebetsvers. Cassian betont, dass man auf diesem Weg sich beschränken muss »auf die strenge Armut eines einzigen Verses« (Cassian Coll. X (11)). Damit lassen wir alle Kompliziertheit hinter uns und lenken unsere ganze Aufmerksamkeit über uns selbst hinaus.
Wichtig ist, dass wir dieses Wort *unablässig* sagen – vom Anfang bis zum Ende des Gebetes. Das Wort wird in einem ruhig fließenden Rhythmus

gesprochen, lautlos und klar in der Stille des Geistes, bewusst und ohne Anstrengung.
Viele verbinden das Wort mit dem Rhythmus ihres Atems. Das kann hilfreich sein, ist aber nicht wesentlich.
Wir sagen unser Wort ohne Erwartungsdruck, als müsse etwas dabei herauskommen, sind aber offen für das, was sich uns zeigen will. Die Bereitschaft, das Wort zu sagen Stunde für Stunde, Tag für Tag, unbekümmert um Ergebnisse, wächst aus dem Vertrauen, auf *dem* Weg zu sein, auf dem wir uns dem Geheimnis Gottes und dem Geheimnis unseres Lebens nähern.
Also: Sag Dein Wort und begnüge Dich damit, es zu sagen!

Wenn wir so beten, lenken wir unsere ganze Aufmerksamkeit, unsere ganze Energie darauf, unser Wort zu sagen. Wir verschwenden keine Energie auf den Versuch, Ablenkungen zu vertreiben. Wir schenken ihnen keine Beachtung und fügen ihnen nichts hinzu. Wir lassen sie vorüberziehen oder ignorieren sie einfach. Wir folgen nicht unseren eigenen Gedanken und Einsichten, nicht unseren Plänen und Ideen, nicht unseren Erinnerungen und Gefühlen, nicht unseren Vorstellungen und den Bildern, die in uns aufsteigen. Wir folgen nicht den verschiedenen Formen unseres geschöpflichen Begehrens. Wir lassen alles los, was uns beunruhigt, alle dringlichen Angelegenheiten, alles, was uns glücklich macht, alles, was vergänglich ist, um zu erkennen, was bleibt und unserem Wesen entspricht. Wir gehen über unser Selbstbewusstsein hinaus, den »Urgrund von Sprache und Reflexion« (John Main).

Die tägliche Disziplin, unser Gebetswort unablässig mit der ganzen Aufmerksamkeit unseres Herzens zu sagen, hat zum Ziel, unseren Blick ganz auf Jesus auszurichten, unsere Augen zu öffnen für die größere Wirklichkeit, die in Jesus geoffenbart ist, der eins ist mit dem Vater. Unser Wort sagen, bedeutet also, einen Weg einzuschlagen, der ganz auf Gott hin ausgerichtet ist, damit seine geheimnisvolle Gegenwart in uns mehr und mehr wirksam werden kann.

Durch das beständige Wiederholen kann das Wort nach und nach in unser Herz sinken und uns behutsam fortführen von allem, was nicht Gott ist. Diese Treue des unablässigen Wiederholens ist die Voraussetzung dafür, dass das Wort in unserem Herzen Wurzeln schlägt. Lassen wir unser Wort klingen bis in die Tiefen unseres Geistes und lauschen wir ihm nach. So werden wir auf die Stille zu bewegt und lernen, dass wir die Stille nicht zu schaffen brauchen. Sie ist da. Wir müssen uns nur für sie öffnen. Stille ist die Sprache des Geistes, der »Urstoff des Betens« (M. Delbrêl). Sie ist die wesentliche Antwort auf das Geheimnis Gottes, auf seine Unendlichkeit. Sie führt uns in einen Zustand der Wachheit und vermittelt uns die Erfahrung, ganz lebendig zu sein.

In der Stille des Betens wächst die Erkenntnis, dass wir angekommen sind und dass wir nur wir selbst werden können, wenn wir bereit sind, uns selbst zu verlieren. Noch so viele Selbstprüfung und Selbstanalyse wird uns nicht enthüllen, wer wir sind und warum wir sind. In der Stille der Meditation entdecken wir, dass wir geliebt sind und liebenswert. Die Erfahrung muss jeder in seinem Leben machen, wenn er oder sie *ganz* werden will: ganz menschlich. Dann brauchen wir den anderen nicht auf der Ebene der Konkurrenz zu begegnen.

Wenn wir in der Disziplin des unablässigen Wiederholens bleiben, dann kommen wir in Berührung mit dem Grund unseres Seins. Wir werden uns öffnen in der Tiefe unseres Wesens, und dort werden wir keine Ideale finden, sondern ein Du, das Gott ist. Dann wird unsere Lebenslinie klar. In dieser heilenden Gegenwart können wir Abschied nehmen von aller Illusion, von aller Falschheit und Unwirklichkeit, von allen Scheinformen des Lebens. Dann löst sich die Wurzel des Ego in uns und befreit uns von seiner isolierenden Kraft. Das macht uns offen für unser Leben im gegenwärtigen Augenblick, im ewigen Jetzt Gottes. Da finden wir den Mut, unser Leben mit Ihm und für Ihn zu leben.
Das Wesentliche dieser kontemplativen Gebetsweise ist kein Dialog, sondern *sich mit Christus vereinen lassen*. Christsein heißt, aus den Quellen des Einsseins mit Christus zu leben. Darum geht es bei diesem Gebet.

Der wichtigste Augenblick in unserem Leben ist der, in dem wir ganz offen sind für Christus. Das Ziel unseres Lebens ist ein Weg zu diesem Augenblick. Der Weg ist einfach, aber er verlangt, dass wir unsere ganze Existenz miteinbeziehen. In dieser Hingabe werden wir zu unserem wesentlichen Sein zurückgeführt. »In dieser Rückführung werden wir klein genug, um durch das Nadelöhr hindurchzugehen« (John Main). Unsere Freiheit hängt von unserer Bereitschaft ab, uns durch dieses Nadelöhr ziehen zu lassen, d. h. Gott unser Bewusstsein darzubringen. Erst dann kommen wir zum vollen Bewusstsein.
Das Herzensgebet ist keine Zeit für Worte, mögen sie noch so aufrichtig und wohlklingend sein. Alle unsere Worte werden bedeutungslos, wenn wir uns hineinziehen lassen in das Mysterium der Gemeinschaft mit Gott, dessen Wort vor und nach allen Worten ist.

(4) Es ist unsere Lebensaufgabe, aus den Tiefen unserer Lebensmöglichkeiten zu leben. Dazu ist es notwendig, unseren Ursprung und unsere Bestimmung zu erkennen. Gebet ist der Weg, auf dem wir entdecken, wer wir sind und warum wir sind. In der Tiefe unseres Wesens können wir entdecken, wie wir in Gott verwurzelt sind. Hier öffnen wir uns für das Geschenk des Lebens, das uns gegeben ist. Hier finden wir Zugang zum ewigen Gebet Jesu, seiner liebenden Heimkehr zum Vater.

(5) Wenn wir anfangen, auf diese Weise zu beten, machen wir uns auf einen Weg, der eine lange Tradition hat von vielen, vielen hundert Jahren. Es braucht Bescheidenheit, diese Tradition anzunehmen.

2. Kurzer geschichtlicher Überblick über die Entwicklung und Verbreitung des Jesusgebetes

In den Ostkirchen reicht die kontemplative Gebetstradition mit der Übung des Herzens- oder Jesusgebetes zurück bis zu den Anfängen des christlichen Mönchtums in der ägyptischen Wüste (3. Jh. n. Chr.) und findet ihren Höhepunkt in bezug auf ihre Praxis und ihre theologische Begründung auf dem Berg Athos, bes. mit dem hl. Gregor vom Sinai (1255-1346) und dem hl. Gregor Palamas (1296-1359). Durch Nil Sorskij (1433-1508) kam die Übung schon früh vom Athos nach Russland und erlebte vor allem durch den weitgereisten Paissij Velickowskij (1722-1794) vom Ausgang des 18. Jh. an eine neue Blütezeit, die bis zum Beginn des 20. Jh. andauerte.

Seit dem 6. Jh. hat die lebendige Tradition des Jesusgebetes ununterbrochen in den Kirchen des Ostens ihren Platz. Manchmal war dieser Strom des Gebetes stark und gleichmäßig, manchmal kaum mehr als ein Rinnsal, das ganz zu versiegen schien. Er wurde jedoch immer wieder durch einzelne belebt, die sich auf die alten Quellen besannen und zu ihnen zurückkehrten. Sie lasen die Schriften der Väter und versuchten, sie in ihrem Leben zu verwirklichen. Seine klassische Form gewann das Jesusgebet durch die Verbindung der rhythmischen Wiederholungsgebete der Wüstenväter mit dem Jesus-Namen. Diese Stoßgebete, z.B. kurze Psalmverse, die unablässig wiederholt wurden, hatten ihr Vorbild im Neuen Testament, wo z. B. der

Zöllner im Tempel betet: »Gott, sei mir Sünder gnädig« (Lukas 18,13) oder der Blinde vor den Toren Jerichos ruft: »Jesus, Sohn Davids, erbarme dich meiner« (Lukas 18,38). Die immer wiederholten Stoßgebete wurden auch »Ein-Wort-Gebete« *(= monologia)* genannt.

Man kann insgesamt vier Perioden unterscheiden, in denen die Praxis des Jesusgebetes besonders intensiv gepflegt wurde: Sie werden hier in Erinnerung gerufen, nicht um der Geschichte, sondern um unseres Betens willen. Die Geschichte kann uns helfen, die Liebe zu dem Weg der Vereinigung mit Christus zu beleben und zu entfalten. Gleichzeitig macht der geschichtliche Überblick uns bewusst, in welchen ununterbrochenen Gebetsstrom wir gleichsam eintauchen, um uns von ihm tragen zu lassen und ihn selbst mitzutragen.

(1) Auf dem *Sinai* entstand im 5. Jh. der große Überlieferungsstrom des sinaitischen Hesychasmus. Hesychasmus leitet sich von dem griechischen Wort *hesychia* her und bedeutet äußere Einsamkeit und Zurückgezogenheit sowie innere Ruhe und Gelassenheit. Ein Hesychast ist also jemand, der die *hesychia* lebt, d. h. der als Mönch oder Einsiedler in äußerer Abgeschiedenheit sein Leben ganz auf Innerlichkeit und Beschauung auszurichten versucht. Der Hesychasmus geht zurück auf die Lehre vom »reinen Gebet« des Evagrios Pontikos (+ 399), d. h. auf die Lehre vom gedankenfreien und bildlosen Gebet. Dieser gelehrte Mönch verband in sich die Spiritualität der Wüstenväter und der großen alexandrinischen Theologen, vor allem des Origines (+ 254). Die Spiritualität der Mönche vom Sinai war von einer starken Jesusfrömmigkeit geprägt, deren natürliche Frucht die Anrufung des Jesus-Namens war.

Zu den palästinensisch-sinaitischen Vätern gehören im 6. Jh. vor allem die beiden Schweigemönche *Barsanuphios der Große* (+ um 540) aus dem Kloster des Abtes Seridos zwischen Askalon und Gaza und sein Schüler *Johannes, der Prophet*. Beide haben eine Sammlung von 850 geistlichen Briefen verfasst, die u. a. ein wichtiges Zeugnis der geistlichen Führung durch den Geistlichen Vater darstellen.
Etwa ein Jahrhundert später war *Johannes Klimakos* (580-649) Mönch im Sinaikloster, zuerst Einsiedler, dann Abt. Er trägt seinen Beinamen von seinem Hauptwerk, der »Leiter (griech. *klimax*) zum Paradies«. Es ist bis heute ein Standardwerk hesychastischer und überhaupt östlicher monastischer Spiritualität. Die »Paradiesleiter« hatte für die Verbreitung des Jesusgebetes große Bedeutung.
In die monastische Landschaft des Sinai gehören ferner *Hesychios vom Bathoskloster*, dem Dornstrauchkloster (Ende des 7. Jh.) und *Philotheos vom Sinai* (9.-10. Jh.). Beide sind für eine weitere methodische Ausgestaltung des Jesusgebetes wichtig.
Mit *Simeon dem Neuen Theologen* (949-1022) erreicht die erste große Epoche der byzantinischen Mystik ihren Höhepunkt und auch ihr Ende. Schon zu seinen Lebzeiten hatte die Hesychia beim orientalischen Mönchtum an Bedeutung verloren und geriet in Vergessenheit.

(2) Zu einem neuen Aufblühen der hesychastischen Mystik kam es im 14. Jh. auf dem *Berge Athos*. Hauptträger dieser Erneuerung sind der *hl. Gregor vom Sinai* (1255-1346), der Laie *Nikolaos Kabasilas* (+1371) und der *hl. Gregor Palamas* (1296/97-1360). Gregor Sinaites ist gleichsam das Bindeglied zwischen der sinaitischen und der athonitischen Frömmigkeit. Er hat die alte hesychastische Überlieferung durch seine Begegnung mit dem

Mönch *Arsenios* auf Kreta wiederentdeckt und durch seine Lehre, mehr noch durch sein Beispiel zu neuer Bedeutung und nachhaltiger Wirkung gebracht. Gregor Palamas, später Erzbischof von Tessalonich, wird durch seine öffentliche Auseinandersetzung mit dem Mönch Barlaam aus Kalabrien um die Gebetsweise und mystischen Erfahrungen der Hesychasten zum Hauptvertreter des östlichen Hesychasmus. Hier ist auch *Nikephoros der Einsiedler* (Anfang 14. Jh.) zu nennen, der als geistlicher Lehrer des Gregor Palamas gilt. Er empfiehlt die hesychastische Gebetsweise, die später die »physische Methode« genannt und Symeon dem neuen Theologen zugeschrieben wurde. Seine Schriften, vor allem die »Methode über das heilige Gebet und die Achtsamkeit« genießen in der monastischen Tradition des Ostens hohes Ansehen.

Eine Art Zusammenfassung und Synthese der athonitischen Periode, die auch das goldene Zeitalter des Hesychasmus genannt wird, bildet die Zenturie (Hundert-Sprüche-Lehre) des *Kallistos* und *Ignatios*, beide genannt *Xanthopoulos* (Ende 14. Jh.). Sie ist im Gegensatz zu den oft polemischen Schriften des Gregor Palamas eine rein positive Darstellung der hesychastischen Frömmigkeit, in deren Mitte das Jesusgebet steht.

Vom Athos aus wurde die Übung des Jesusgebetes in den griechischen und slawischen Raum getragen. Der hl. Gregor Sinaites wirkte auch hier als Bindeglied. Er gründete im bulgarischen Gebiet von Paroria an der Grenze zum byzantinischen Reich ein Kloster und sammelte während seiner letzten Jahre eine beträchtliche Zahl von Mönchen, Griechen, Bulgaren und Serben. Sein Wirken hatte eine große Ausstrahlung auf die Länder des Balkans und auf Russland. *Nil Sorskij* (1433-1508) betrachtet den hl. Gregor vom Sinai als »den tiefsten Geist der Ostkirche«. Dieser russische Starze pilgerte von seinem Kloster in der Nähe des Weißen Sees zusammen mit seinem

Freund Innokentij zum Berg Athos, um tiefere Unterweisung im Gebet zu finden. Dort verbrachte er mehrere Jahre und studierte unter Anleitung den ganzen Reichtum geistlicher Überlieferung, vor allem die Werke der bereits genannten großen Väter. Es sind die Väter, die das monastische Leben auf die Grundlage des Herzensgebetes und der Gottverbundenheit stellen. In besonderer Weise fühlt sich Nil Sorskij mit dem hl. Gregor vom Sinai verbunden, dessen Geist auf dem Athos in seinen Schülern noch lebendig war.
Nach Russland zurückgekehrt, siedelte er sich mit Innokentij in der Nähe seines früheren Klosters in den einsamen Tannenwäldern des russischen Nordens an und gründete nach dem Beispiel der ägyptischen Mönche der Sketis neue Klostergemeinschaften. Doch sein hesychastischer Aufbruch konnte sich gegen die neue geistige Richtung des hl. Josif von Volokalamsk (+ 1515) und dessen Schüler, des Moskauer Metropoliten Daniil (+ 1547) nicht durchsetzen. Diese beiden wollten Kirche und Staat weiter miteinander verbinden und nach dem Untergang von Byzanz Moskau als das dritte Rom institutionalisieren. So geriet Nil Sorskij mit seiner Erneuerungsbewegung für lange Zeit in Vergessenheit.

(3) In der zweiten Hälfte des 18. Jh. kommt es zu einer Wiedergeburt der hesychastischen Frömmigkeit auf dem *Berg Athos*. Der griechische Mönch *Nikodemos der Hagiorit*, d. h. vom hl. Berg Athos (1748-1809) trägt über mehrere Jahrzehnte die Schriften der alten Väter des christlichen Ostens zusammen und vertieft sich darin. Er vergleicht die Texte, die sein Freund, der Bischof *Makarios von Korinth* (1731-1805) zusammengestellt hat, mit den ihm verfügbaren Handschriften, verfasst zu den verschiedenen Autoren, einführende Kurzbiografien und schreibt die Einführung zur »Philokalie«, d. h. die »Liebe zur geistlichen Schönheit«, die sie gemeinsam 1782 in

Venedig veröffentlichen. Sie ist eine Art Anthologie von mehr als dreißig Autoren der Ostkirche vom 4. bis 14. Jh., die sich alle auf irgendeine Weise mit dem Herzensgebet befassen, mit seiner Methode und der damit verbundenen Lebensweise, ferner mit den mystischen Erfahrungen, die den Betenden geschenkt werden können, sowie deren Erscheinungsform und theologischen Deutung. Es ging den beiden Herausgebern der Philokalie darum, eine lange kontemplative Tradition wieder aufzugreifen, die wieder Gefahr lief, in Vergessenheit zu geraten, vor allem, weil entsprechende Texte nicht zur Verfügung standen und nicht genug bekannt waren. Diese Philokalie wurde zum Handbuch der Starzen des 19. Jh., besonders in Griechenland und Russland. Bis auf den heutigen Tag ist sie der wichtigste spirituelle Leitfaden für die Mönche des christlichen Ostens, das Standardwerk orthodoxer Frömmigkeit und Spiritualität.

Die späteren Autoren der Philokalie betonen vor allem einen Aspekt des immerwährenden Jesus- oder Herzensgebetes, der schon im 11. Jh. aufkam, dass nicht nur Mönche, Einsiedler und Priester, sondern jeder Christ zu diesem Gebet berufen ist. Die Hesychia wird also nicht mehr allein in äußerer Einsamkeit und Abgeschiedenheit verwirklicht, sondern mehr und mehr verinnerlicht. Die Klausur des Herzens ist *der* »Ort« für jeden, der die Vereinigung mit Christus sucht.

Fast zur gleichen Zeit arbeitete der russische Archimandrit *Passij Velickowskij* (1722-1794) in zwei Moldau-Klöstern an der Übersetzung geistlicher Schriften ins Moldavische und Kirchenslavische. 1793 veröffentlichte er in St. Petersburg eine gekürzte kirchenslavische Ausgabe der Philokalie unter dem Titel »*Dobrotoljubije*«, das heißt »Liebe zum Guten«.

Von den 36 Autoren der griechischen Philokalie übernahm er nur 15. Die Dobrotoljubije fand in Russland große Verbreitung und machte das Jesusgebet in der Bevölkerung bekannt.

1739 hatte Paissij die Akademie in Kiew verlassen und war ruhelos durch die Klöster der Moldau gewandert. 1746 besuchte er den Athos und lebte dort eine Zeit in Einsamkeit. Weil er keinen geistlichen Lehrer für den inneren Weg fand, drängte es ihn, zusammen mit seinen Mönchen die schriftlichen Unterweisungen der griechischen Väter zu sammeln, intensiv zu studieren und zu übersetzen. Seine Schüler brachten im 19. Jh. das Starzentum in Russland zu einer großen Blüte.

(4) Der vielleicht größte und einer der beim Volk beliebtesten Vertreter des *russischen Hesychasmus im 19. Jh.* ist der *hl. Serafim von Sarov* (1759-1833). Er lebte gut dreißig Jahre als Eremit, davon fünfzehn Jahre als Klausner im Kloster. Die letzten acht Jahre seine Lebens wirkte er als Starez für das Volk mit Krankenheilungen, Prophezeiungen und Wegweisungen. Neben den *großen Starzen der Optina-Eremitage, Leonid, Makarij, Amwrosij, Josif* (1768-1894), sind vor allem die beiden Bischöfe, der *hl. Theophan der Klausner* (Georg Goworow 1815-94) und der *hl. Ignatij Briancaninov* (1807-1876) zu nennen. Theophan gilt als einer der bedeutendsten Vertreter des russischen Hesychasmus. Er gehörte eine zeitlang zur russischen geistlichen Mission in Jerusalem und hatte so Gelegenheit, in Palästina viele alte Klöster zu besuchen. Seine große Kenntnis der monastischen Tradition des Orients wie der Patristik befähigte ihn, vor allem eine neue, auf fünf Bände vervollständigte Ausgabe der Dobrotoljubije herauszugeben (1877-1889). Sie ist eine erweiterte, der russischen Mentalität angepasste Übersetzung.

Die Geschichte des Jesusgebetes ist eng mit der Philokalia bzw. mit der Dobrotoljubije verbunden, wie »Die aufrichtigen Erzählungen eines russischen Pilgers« bezeugen.
Theophan lebte nach seiner Resignation vom Bischofsamt ungefähr 28 Jahre in immer strengerer Klausur in der Vysen-Einsiedelei bei Tambov. Er unterhielt eine ausgedehnte seelsorgerliche Korrespondenz und praktizierte so eine ganz eigene Form des Starzentums und der geistlichen Führung. Seine Unterweisungen zum Jesusgebet, die sich in seinen verschiedenen Schriften verstreut finden, wurden vom Abt des berühmten Inselklosters Valaamo im Ladogasee, Igumen Chariton, 1936 zusammen mit anderen Texten von meist russischen Autoren herausgegeben. Kallistos (Timothy) Ware hat von dieser Anthologie 1966 eine englische Übersetzung mit einer ausführlichen Einleitung herausgebracht. Die Ausgabe erschien unter dem Titel: »The Art of Prayer. An Orthodox Anthology.« Der Otto-Müller-Verlag hat 1985 von den auschließlich von Theophan stammenden Texten eine deutsche Übersetzung mit dem Titel: «Schule des Herzensgebetes. Die Weisheit des Starez Theophan« veröffentlicht.

Ignatij kam aus der Gegend, die man die »russische Thebais« nannte, ein Gebiet, das mit vielen Klöstern und Einsiedeleien besiedelt war. Er war tief im mystischen Geist der Ostkirche verwurzelt. Durch seine Verbindung mit dem Starzentum und seine Schriften übte er auf das russische Mönchtum einen großen erzieherischen Einfluss aus. Auf Befehl des Zaren Nikolaj, der meinte, ein guter Pionieroffizier könne auch kein schlechter Mönch sein, wurde er mit 26 Jahren Abt eines Klosters in der Nähe von Petersburg, das er 24 Jahre leitete. Danach wurde er zum Bischof von Stawropol und Kaukasus ernannt, legte aber sein Amt nach drei Jahren nieder und zog sich

die letzten sechs Jahre seines Lebens in ein Kloster zurück. Dort schrieb er seine bedeutenden »Asketische Versuche«.
Gegen Ende des 19. Jh. gibt es im russischen Mönchtum einen letzten großen Zug in die »Wüste«, in die Einsamkeit der kaukasischen Berge. 1875 gründeten Mönche des russischen Pantaleimon-Klosters auf dem Athos am Fuße des Kaukasus in der Nähe der Stadt Suchumi beim Schwarzen Meer das Neu-Athos-Kloster Simon Kananäus. Einer von ihnen war der *Schimonach Ilarion,* der sich später in die Berge des Großen Kaukasus zurückzog, wo er anderen Einsiedlern begegnete. Seine Erfahrungen und Meditationen wurden 1907 in dem Buch »Auf den Bergen des Kaukasus« veröffentlicht (deutsche Übersetzung mit einem Vorwort von Bonifaz Tittel OSB, Salzburg 1991). Das Buch wurde zu einem richtigen Volksbuch über das Jesus-Gebet.

Im Westen ist das Jesusgebet vor allem durch den Kontakt mit der russischen Diaspora bekannt geworden. Der Kontext ostkirchlicher Spiritualität muss mit seinen wesentlichen Inhalten auch für den westlichen Beter des Jesus- oder Herzensgebetes maßgebend bleiben, sonst läuft der Weg des Jesusgebetes Gefahr, zum Irrweg zu werden. Zum Kontext gehören eine aufrichtige und konsequente Gottsuche mit einem gesunden Streben nach Innerlichkeit und Beschauung (Hesychia) sowie ein Verbundensein mit dem liturgischen und sakramentalen Leben der Kirche und nicht zuletzt das häufige Lesen der Evangelien. »Jeder, der in seinem Herzen das Gedenken Gottes, oder, was dasselbe ist, das Jesusgebet, bestärken will, muss unbedingt möglichst oft das Heilige Evangelium lesen ... Der Name Jesus Christus ist Wurzel und Grund, Mittelpunkt und innere Kraft des Evangeliums« (Ilarion, Auf den Bergen des Kaukasus, S. 84). »Der Geist des Evangeliums und des Jesusgebetes sind ein und dasselbe« (a.a.O., S. 83). Dem russischen Pilger wird anhand der Evangelien das Geheimnis des Jesusgebetes erläutert: »Ohne das Evangelium ist es unmöglich, das gebührende Gebet zu erlernen« (S. 175 ff). Das Evangelium wird im Geist des Gebetes gelesen und führt wieder ins Beten. Das Gebet wiederum nährt sich von der vorausgegangenen Lesung der Heiligen Schrift, in der das Herz Gottes sich zeigt.

2004 hat der Verlag »Der christliche Osten« erstmals eine vollständige deutsche Ausgabe der Philokalie herausgebracht. Sie stützt sich auf die 3. Auflage der griechischen Philokalie (Athen 1957-1963).

3. Hesychia, das Schweigen im Gebet

Das zentrale Moment dieser kontemplativen Gebetstradition, dieses geistlichen Weges, ist das Mühen um Hesychia, jener wachen und schöpferischen Herzensruhe, jener ungeteilten Hinwendung von Herz und Verstand zu Gott.

In dieses Schweigen des Herzens führt das unablässige Bemühen, *während der Übung* die Gedanken und Begriffe beiseite zu legen, die Bilder und Vorstellungen loszulassen, die Phantasien und Erinnerungen ruhen zu lassen, vor allem die Erinnerung an die Wunden, die das Leben uns geschlagen hat, und an die Verbitterungen und Rachgefühle, die das Herz verschließen und uns nicht zur Ruhe kommen lassen vor Gott; ferner das Bemühen, sich von allen Wünschen und Neigungen, Gefühlen und Empfindungen zu lösen, die sich auf Geschöpfliches ausrichten, z. B. alles, womit wir Eindruck machen wollen.

Als wichtigste Grundlage der Hesychia wird ein tief inneres Wissen um die eigene Gebrochenheit und Schwäche, ein Vertrautsein mit der eigenen Versuchbarkeit, mit den eigenen Gefährdungen genannt. Aus diesem Bodenkontakt mit der eigenen Wirklichkeit resultiert nach dieser Tradition die Demut, die Ehrfurcht vor jedem Geschöpf und die Barmherzigkeit gegenüber jedem Menschen, auch Trauer und Schmerz über die Erfahrung von Versagen und Schuld im eigenen Leben und von daher das Bemühen, im Kampf mit den eigenen Leidenschaften und in Auseinandersetzung mit

seinen Bedürfnissen und Gefühlen zu einem freien, geläuterten Umgang mit ihnen zu finden.
Wenn jemand sich in dieser Weise von allem Gemachten und Gewollten freisetzen lässt und arm wird, dann einzig und allein, um sich ganz für Gottes Gegenwart zu bereiten und sich von ihr durchdringen zu lassen. Wir lassen unsere eigenen Aktivitäten ruhen, um uns für Seine Gegenwart zu disponieren. Das Schweigen ist eine Haltung der Wachsamkeit und des aufmerksamen Hörens.
Hesychia hat also zum Ziel einen Menschen, der mit Leib, Seele und Geist Gebet geworden ist. Sie bezeichnet die Haltung eines Menschen, der in seinem Herzen vor Gott steht. So gesehen ist Hesychia ein Zustand des Herzens, nicht eine Frage des geografischen Standorts.

Als Arsenios noch am Hof in Konstantinopel Lehrer für die Kinder des Kaisers war, betete er zu Gott: »Herr, zeige mir einen Weg, wie ich Rettung finde.« Und er hörte eine Stimme, die zu ihm sagte: »Arsenios, fliehe die Menschen, und du wirst gerettet werden«. Er zog sich in die Wüste zurück und wurde Einsiedler. Als er mit denselben Worten betete, sagte ihm die Stimme: »Arsenios, fliehe, schweige (*siopa*), bleibe in der Ruhe (*hesychádze*), denn das sind die Wurzeln der Sündelosigkeit.«
Fliehe die Menschen, schweige, sei still – das sind also die drei Stufen der Hesychia. Am Anfang des geistlichen Lebens steht zunächst ein Einschnitt, der von Überflüssigem freimacht. Er schafft die notwendigen Voraussetzungen, die zu einer neuen Ausrichtung des Lebens führen. Dieser Einschnitt schafft den *physischen Raum der Einsamkeit*, in dem der eigentliche Kampf um das innere Schweigen erst beginnt. Nach Überzeugung der Väter gibt es ohne konsequente Askese kein Schweigen und auch kein

rechtes Beten. Die ersten beiden Stufen der Hesychia sind noch äußerlich und machen aus einem Menschen noch keinen Hesychasten. Man kann sich räumlich trennen und in äußerer Einsamkeit leben und kein Wort sprechen, und dennoch innerlich voller Lärm und Unruhe sein. Um zur echten Ruhe zu gelangen, muss man von der äußeren zur inneren Hesychia übergehen, vom Schweigen des Mundes zum aktiven und schöpferischen Schweigen des Herzens. So kann jemand mitten in einer Großstadt leben und dennoch im Schweigen des Herzens vor Gott ein wahrer Hesychast sein.

Dieser Weg des inneren Schweigens ist also an keinen abgeschiedenen Ort gebunden, sondern ebensogut möglich »mitten in den Städten« wie in den »Bergen und Zeiten«. So betont schon der hl. Simeon der neue Theologe (+ 1022). Verheiratete mit Familie, eingebunden in ein berufliches Leben mit seinen Alltagssorgen, können ihn ebenso gehen wie Mönche und Einsiedler.[1] In der altchristlichen Tradition gibt es nur *eine* Spiritualität. Das Evangelium wendet sich an alle.
Der Laie Nikolaos Kabasilas (14. Jh.), ein Staatsbeamter am kaiserlichen Hof, äußert mit Nachdruck, dass jeder bei seinem Handwerk oder Beruf bleiben solle. Wer General ist, solle weiter kommandieren, der Bauer weiter sein Land bestellen und der Künstler sein Handwerk ausüben. Denn es sei nicht notwendig, sich in die Wüste zurückzuziehen, ungenießbare Nahrung zu sich zu nehmen, seine Kleidung zu ändern, die Gesundheit auf's Spiel zu setzen oder irgend etwas Unkluges zu tun. Es sei ebensogut möglich, in seinem eigenen Haus zu bleiben, ohne all seinen Besitz aufzugeben, und inmitten all seiner Tätigkeit sich im Schweigen des Herzens vor Gott zu üben.[2] Es gibt keine berufliche Tätigkeit und keine Lebenssituation, die sich nicht mit der Herzensruhe vereinbaren lässt. Selbst in Situationen

großer Beanspruchung, wenn weniger einfache Gebetsweisen unmöglich geworden sind, kann die Anrufung des hl. Namens mich im Schweigen des Herzens »halten.«
Es kommt also m.a.W. auf die Klausur des Herzens an, in der *die liebende Ausrichtung auf Gott* hin lebendig bleiben kann.
Ein gutes Kriterium dafür, dass man vom Schweigen des Herzens noch weit entfernt ist, ist gegeben, wenn das eigene Herz andere ständig kritisiert und verurteilt. So sagt Abba Poimen: »Da ist ein Mensch, der scheint zu schweigen, aber sein Herz verurteilt andere. Ein solcher redet in Wirklichkeit ununterbrochen. Und da ist ein anderer, der redet von der Frühe bis zum Abend, und doch bewahrt er das Schweigen, d. h. er redet nichts, als was anderen hilft.«
Dies trifft insbesondere auf den *hl. Serafim von Sarov* und die großen russischen Starzen der Optina-Eremitage zu. Sie empfingen einen ständig wachsenden Strom von Besuchern, Dutzende und manchmal sogar Hunderte an einem einzigen Tag, ohne dass sie dabei ihre innere Hesychia einbüßten. Gerade weil ihre Worte aus dem tiefen Schweigen ihres Herzens kamen, waren sie voller Geist und Kraft. Von Serafim von Sarov sagt man, dass er Gebet geworden ist.

4. Das Jesusgebet als Weg zur Hesychia

Wie hilft nun die Übung des Jesusgebetes, sich für diese Qualität des Schweigens und der Stille zu disponieren?

Wer sich zum Beten sammelt und sich zum Schweigen bringen möchte, spürt immer neu das Unvermögen, mit seinem ganzen Sein hier und jetzt ganz »da« zu sein. Ein ruheloser Strom von Gedanken, Bildern und Vorstellungen bewegt sich durch seinen Kopf. Gewaltsam kann man diese Flut nicht aufhalten, aber es ist möglich, durch das unablässige Wiederholen einer Gebetsformel die ruhelose Aktivität unseres Geistes nach und nach zu vereinfachen und schrittweise die Gedanken, Bilder und Vorstellungen loszulassen, die das bewusste und unbewusste Selbst uns präsentieren. Dieses Loslassen scheint dem zu entsprechen, was Evagrius Pontikus (+ 399) im Sinn hatte, als er das Beten ein »Beiseitelegen der Gedanken« nannte.
Die ruhige und beständige Anrufung des Namens Jesu hilft, unseren unruhig bewegten Geist aus der Zerstreuung zu sammeln und auf einen Zielpunkt hin zu konzentrieren. »Durch die Erinnerung an Jesus«, schreibt der hl. Philotheus vom Sinai (9.-10. Jh.), »sammle deinen zerstreuten Geist«.
Wo immer du auch seist, was immer du auch tust, zu jeder Zeit, an jedem Ort, bei jeder Beschäftigung, sprich andauernd das Jesusgebet. In dem Maß, wie du in dieser Übung ausharrst, wird dein Verstand von leeren Ge-

danken gereinigt und dein Herz durch die Gnade des Hl. Geistes geheiligt ... Die Übung des Jesusgebetes ist wie eine goldene Schnur, die unsere Seele mit all ihren Kräften, Wünschen und Gefühlen mit dem Herrn vereint hält.[3]

Die Übung des Jesusgebetes ist zunächst sehr einfach: Man wiederholt mündlich oder im Innern unaufhörlich das Gebet: »*Herr, Jesus Christus, erbarme dich meiner*«. In der Ostkirche ist die gebräuchlichste Form: »Herr Jesus Christus, Sohn Gottes, erbarme dich meiner, des Sünders«. Welche Gebetsformel man auch immer verwendet, Mittelpunkt und Herzstück der Anrufung[4] ist der heilige Name selbst, das Wort ‚*Jesus*'. In ihm liegt die ganze Kraft der Anrufung. Die Gebetsworte soll man nicht oft verändern, denn »Zweige, die oft umgepflanzt werden, treiben keine Wurzeln« (hl. Gregor vom Sinai).

Das ruhige, unablässige Wiederholen dieser Gebetsworte kann man auch mit dem Rhythmus des Atems in Einklang bringen: beim Einatmen »Herr, Jesus Christus«, beim Ausatmen »erbarme dich meiner«. Johannes Klimakos empfiehlt, den Namen Jesu an unseren Atem zu »kleben«. Dabei ist nach Theophan dem Klausner zu berücksichtigen, dass der Ausgangspunkt allen wahren Betens die Konzentration unserer Aufmerksamkeit im Herzen ist.

Im Rhythmus dieser konzentrierenden Gebetsübung löst sich die Aufmerksamkeit unseres Bewusstseins allmählich von dem, was die Stille und das Schweigen des Herzens stört und sammelt sich auf Anbetung hin ...

Wenn du den heiligen Namen wiederholst, so konzentriere deine Gedanken, Gefühle und Wünsche nach und nach auf den Namen. Sammle in ihm dein ganzes Wesen.

Wie ein Öltropfen auf einem Tuch sich ausbreitet und es durchtränkt, so lass den Namen deine Seele durchdringen. Nicht der kleinste Teil deines Selbst soll davon ausgenommen sein. Unterwirf dein ganzes Sein und schließe es in den Namen ein.[5]
Lass den Namen dein Herz nach und nach durchdringen, bis alle Gedanken und Gefühle eins werden und sich in ihm verschmelzen. Lass den Namen seine Anziehungskraft ausüben.[6]
Dabei kann sich die Anrufung des Namens schließlich vereinfachen bis auf das eine Wort: *Jesus*.
Wie der Autor der Wolke des Nichtwissens kann man auch hier sagen: »Nimm dieses Wort so tief in dich hinein, dass es nicht verklingt, was auch kommen mag«.

Auch wenn die Anrufung des Namens überall und jederzeit geschehen kann, so ist es doch gut, gewisse Zeiten und Orte für eine »regelmäßige« Anrufung des Namens auszuwählen. Das gilt besonders für Anfänger.

Vor Beginn des Gebetes komm zur Ruhe und sammle dich, stell dich in Ehrfurcht in die Gegenwart Gottes bis zum Bewusstwerden seiner Nähe und ruf im Herzen den lebendigen Glauben wach, dass Gott dich sieht und bereit ist, dich zu erhören. Sei ganz in der Gegenwart. Bring dir auch zum Bewusstsein, wer Gott ist und wer du selbst bist.

Bevor du mit dem Aussprechen des Namens Jesus beginnst, erbitte den Antrieb und die Führung des Heiligen Geistes. Der Name Jesus kommt erst in ein Herz, wenn es zuvor von dem reinigenden Hauch und der Flamme des Geistes erfüllt wurde (vgl. 1 Kor 12,3)[7] ...

»Beginne damit, den Namen Jesus ehrfürchtig und liebend auszusprechen. Bleibe fest dabei. Wiederhole ihn. Denke nicht daran, dass du jetzt den Namen anrufst; denke allein an Jesus. Sprich langsam, sanft und ruhig seinen Namen aus ... Verbissene Anstrengung und die Suche nach gesteigertem Erlebnis werden nutzlos sein ...«.[8]

Alles beruht auf einem freien, bewussten Hinwenden zu Gott . . . Suche die Macht des Jesusgebetes im Hinwenden von Herz und Verstand zu Gott.[9]
Bete in der Einfachheit des Herzens ohne jegliches Philosophieren und ohne irgendwelche Erscheinungen zu erwarten. Vertrau auf den Herrn, dass Er dich mit der Zeit auf den rechten Weg des Herzensgebetes führen und dich das Gelobte Land schauen lassen wird.[10]
Lass dich dadurch nicht anfechten, dass du das Gebet anfangs nur mit der Zunge sprichst, die Gedanken umherirren und die Trägheit dich übermannt.[11] Die Erfahrung lehrt, dass die monotone Wiederholung einer Gebetsformel unseren Verstand allmählich beruhigt, der ständig am Analysieren und Reflektieren ist. Wenn es nur um einen einzigen Gedanken geht, verschwinden nach und nach die vielfältigen Gedanken. Unsere Aufmerksamkeit wird auf das eine gesammelt, und wir finden mehr und mehr in die Ausrichtung dessen, was wir beten.
Wenn es dir nicht möglich ist, den Namen des Herrn mit Andacht, Eifer und großer Aufmerksamkeit anzurufen, weil deine Seelenkräfte schwach sind, dann wird der Herr . . . deinen guten Willen annehmen. Daher sagten auch die Väter: Bete, wie du kannst, mit deinem unreinen Geist, mit der Zeit wird der Herr dir auch das reine Gebet gewähren.[12]
Ein solches Anrufen des hl. Namens bildet gleichsam den Vorhof des Betens.[13] Wenn du eine gewisse Zeit für die Anrufung des Namens verwendet und dabei nichts »gefühlt« hast, dann glaube nicht, dass deine Zeit vertan und deine Anstrengung fruchtlos gewesen sei. Im Gegenteil, dieses taube

Gebet war möglicherweise Gott wohlgefälliger als die Augenblicke des Hingerissenseins, denn es war frei von jeder ichbezogenen geistigen Freude.
Zur Anrufung des Namens dürfen wir nicht durch irgendeine Laune oder eine willkürliche Entscheidung kommen. Dazu müssen wir von Gott geführt werden, sonst werden wir bald aufgeben.[14] Wie der Pilger in den »Aufrichtigen Erzählungen« darf ich das Jesusgebet nur aus dem Verlangen heraus üben, Christus zu gehorchen und ihm ganz zu gehören. Will man das Gebet »erfolgreich« verrichten, muss man sein ganzes Leben zum Besseren wenden.[15] Die Übung des Jesusgebetes soll schließlich dazu führen, dass wir mehr und mehr in Gottes Gegenwart leben: Lebe vom Aufwachen bis zum Einschlafen in Gott-Gegenwart, im Bewusstsein, dass er dich sieht.[16]
Obwohl sein Wortlaut wie ein Bittgebet klingt, steht beim Jesusgebet die Anbetung des Menschgewordenen im Vordergrund. Die Bitte um Erbarmen ist Ausdruck der eigenen Erlösungsbedürftigkeit und lebendiger Hoffnung.

5. Der Weg zum Herzen

(1) Äußere Hilfen für das Jesusgebet

Zur Sammlung und Konzentration bei der Übung des Jesusgebetes, d. h. wenn unsere ganze Aufmerksamkeit nur darauf ausgerichtet ist, den Hl. Namen anzurufen, wird ein abgedunkelter und geräuscharmer Raum empfohlen.

Man verwendet oft eine Gebetsschnur (Komroschoinion, tchotki), die meist aus hundert geflochtenen Knoten besteht. Sie hilft, sich zu konzentrieren und einen gleichmäßigen Gebetsrhythmus zu finden.

Nach Möglichkeit soll man eine leibliche Haltung einnehmen, die einerseits körperliche Ruhe und Gelassenheit sowie geistige Präsenz fördert, andererseits Ausdruck der Ehrfurcht und Demut vor dem Geheimnis Gottes ist. Ohne Ehrfurcht und Demut gibt es keine tiefe religiöse Erfahrung. »Die Aufmerksamkeit der Seele hängt auch von einer angemessenen Haltung des Leibes ab« (Theophan der Klausner)

Russische Lehrer des Jesusgebets empfehlen bisweilen, bei der Anrufung des Hl. Namens für einige Zeit die rechte Hand auf das Herz zu legen. Das kann helfen, unseren Verstand beim Gebet in der Sammlung zu halten, die Aufmerksamkeit im Herzbereich zu konzentrieren.

Es kann auch eine Hilfe sein, die Anrufung des Hl. Namens mit dem Rhythmus des Atems zu verbinden.
Dabei ist jedoch Umsicht geboten, weil der Rhythmus des Atems ein unbewusster körperlicher Vorgang ist, auf den man nur mit Kenntnis der atemtherapeutischen Zusammenhänge einwirken sollte.
Der hl. Gregor vom Sinai ist mit dieser sog. *physischen Methode* vertraut. Sie findet sich zum ersten Mal klar beschrieben in einem Text »Über die drei Weisen von Aufmerksamkeit und Gebet«. Dieser Text wird dem hl. Simon, dem neuen Theologen (11. Jh.), zugeschrieben, stammt aber vermutlich vom hl. Nikephorus dem Einsiedler (14. Jh.). Er war der geistliche Vater des hl. Gregor Palamas, des größten Theologen des Jesusgebetes. Seine Beschreibungen basieren vermutlich auf einer Praxis, die schon lange vor ihm in Übung war. Die russischen Lehrer des Jesusgebetes, vor allem der hl. Theophan der Klausner und Ignatij Briancaninov, sind der *physischen Methode* gegenüber sehr zurückhaltend. Sie warnen eher davor.
Die Verbindung des Jesusgebetes mit dem Rhythmus des Atems kann für einige eine Hilfe zur Sammlung sein, ist aber kein wesentlicher Teil des Jesusgebetes.
In sich selbst basiert die *physische Methode* auf einem gesunden theologischen Prinzip, nämlich, dass der Mensch ein Ganzes ist, eine Einheit von Leib, Seele und Geist, und dass deshalb auch der Leib eine positive Rolle beim Gebet zu spielen hat, soll der Mensch doch mit Leib und Seele Gebet werden.

Um den ruhelosen Strom von Gedanken, Bildern und Vorstellungen zu »bändigen«, hilft es meist eher, sie nicht direkt zu bekämpfen und durch Willensanstrengung gewaltsam auszutreiben oder zu unterdrücken. Das

alte China hatte ein treffendes Bild dafür: die Gedanken sind wie Affen, die im Baum des Gehirns hin- und herspringen. Wenn man versucht, einen nach dem anderen zu fassen und auf die Erde zu werfen, bis der Baum frei ist, werden sie den Baum alsbald von einer anderen Seite wieder hinaufsteigen, ehe man die letzten überhaupt erwischt hat, und der Lärm und Aufruhr geht von neuem los. Man wird auf diese Weise einfach nicht mit ihnen fertig. So neigen die Gedanken dazu, mit vermehrter Kraft zurückzukehren. Man soll sich vielmehr bemühen, die Aufmerksamkeit von ihnen wegzulenken und auf den Herrn zu richten. »Wende dich an den Herrn um Hilfe gegen sie, indem du deine Hilflosigkeit vor ihm ausbreitest, denn er ist fähig, sie auszutreiben und zunichte zu machen« (Barsanuphios und Johannes von Gaza).
Wenn Gefühle von Hass und Neid hochkommen, bitte den Herrn um Erlösung aus deiner Unversöhnlichkeit.

(2) Der innere Vollzug des Jesusgebetes:
ununterbrochenes und bildloses Beten

Der hl. Gregor vom Sinai betont immer wieder zwei Dinge:

a) Die Anrufung soll, soweit wie nur möglich, *ununterbrochen* sein, und zwar *regelmäßig und rhythmisch, ruhig und beständig.*

b) Sie soll *leer von allen bildhaften Vorstellungen sein.*
Anfänger sollen das Jesusgebet langsam, sanft und ruhig sprechen. Jedes Wort soll mit Sammlung und ohne Hast gesagt werden und doch ohne unangemessene Betonung. Das Gebet soll in seiner sanften, natürlichen

Weise fließen. Wir müssen immer beten mit einer inneren Aufmerksamkeit und Konzentration, aber gleichzeitig soll damit keine Anstrengung, keine selbstverursachte Intensität oder künstliche Emotion verbunden sein. Nach jeder Gebetsformel soll man eine kleine Pause machen, bevor man neu beginnt. Das wird dazu beitragen, dass der Geist aufmerksam bleibt.
Großes Gewicht legt Gregor auf den zweiten Punkt. »Halte deinen Verstand stets frei von Bildern, Farben und Formen jeder Art!« Er warnt vor der menschlichen Vorstellungskraft oder der Phantasie. »Sonst bist du eher ein Phantast, als ein Hesychast.« Das ist kontemplative Gebetstradition im christlichen Osten lange vor Gregor.

Das Jesusgebet ist also nicht eine Weise, besondere Ereignisse aus dem Leben Jesu zu meditieren. Es ist eher eine Methode, die Gedanken beiseite zu legen, die Aufmerksamkeit zu konzentrieren und den Geist wachzuhalten, um ihn schließlich ins Herz zu führen und dort zu halten. »Zur Zeit des Gebetes verweile der Verstand im Herzen, bewege sich darin und bete aus Herzenstiefen zu Gott. Darin liegt alles.«[17]
Um zum wahren Beten des Herzens zu kommen, muss unser Geist geeint werden. Er muss vom Fragmentarischen zum Ganzen, von der Vielfalt zur Einheit und Einfachheit gebracht werden. Nur so wird er nach und nach fähig, ins Herz einzugehen und dort zu bleiben. Das ist das Ziel des Jesusgebetes. »Um das beständige Andrängen deiner Gedanken zu beenden,« sagt Theophan, der Klausner, »musst du deinen Geist binden mit einem einzigen Gedanken oder dem Gedanken des Einen« – dem Gedanken an den Herrn Jesus. Deshalb ist das Jesusgebet sowohl *ununterbrochen als auch bildlos*. Nur so kann es wirksam die Aufgabe der Vereinigung und Vereinfachung erfüllen.

(3) Drei Ebenen des Jesusgebetes

Man kann beim Jesusgebet drei Ebenen unterscheiden, die sich gegenseitig durchdringen:

das mündliche Gebet, wenn also die Anrufung des Namens Jesus mit dem Mund geschieht,

das geistige Gebet oder das Gebet des Verstandes (*nous*), wenn die Anrufung des Namens Jesu allein im Geist, also innerlich geschieht, und ihren Rhythmus gefunden hat.

das Herzensgebet oder das Gebet des Verstandes (nous) im Herzen, wenn die Anrufung des Namens Jesu Eingang ins Herz gefunden hat, wenn der Verstand ins Herz hinabgestiegen ist.

Das mündliche Gebet: In dem Buch »Auf den Bergen des Kaukasus« von Schimonach Ilarion erzählt der Starez, dass er fast 15 Jahre mit dem mündlichen Aussprechen der Gebetsworte »Herr, Jesus Christus, Sohn Gottes, sei uns Sünder gnädig« beschäftigt war. Doch viele von denen, die mit dem Jesusgebet begonnen haben, lassen es wieder, wenn sie keinen geistlichen Trost verspüren und sich ein Widerwillen gegen das Gebet einstellt. Am Anfang kann das Gebet bisweilen so mühsam sein, als müsse man mit einem Hammer Steine zerschlagen. »Ganze Wolken von allen möglichen Gedanken, unter ihnen auch schmutzige, gotteslästerliche, unbeschreibliche schlagen gegen den Verstand wie Meereswellen gegen einen Felsen«.[18] Die Väter erwähnen auch, dass während der Übung des Jesusgebetes, insbesondere am Anfang, manchmal ein verstärktes Aufwallen der Leidenschaften zu bemerken ist. Darüber soll man sich nicht wundern oder gar erschrecken. »Es ist ein Anzeichen dafür, dass unser Gebet begonnen hat, eine eigene, ihm zukommende Wirkung hervorzurufen ... Es schreitet in der nötigen Ordnung voran ..., um die unreinen Mächte zu vertreiben« (Ignatij Briancaninov). Wenn der Name des Herrn in die Tiefen unseres Herzens hinabsteigt, dann kann er die Anfechtungen Stück für Stück entwurzeln. Man soll ihnen daher keine Aufmerksamkeit schenken und unaufhörlich den Namen des Herrn Jesus anrufen. Diese mühsame und leidvolle Zeit muss man unbedingt aushalten. Erst ganz allmählich durch lange Zeiten der Gewöhnung und Mühe dringt *das* Gebet in uns ein, das uns mit Gott vereint. Die mündliche Phase des Jesusgebetes ist grundlegend und darf nicht übersprungen werden.

Das geistige Gebet oder das Gebet des Verstandes (nous): Der eingangs von Ilarion genannte Starez berichtet weiter, dass im Verlauf der 15 Jahre das Gebet von selbst in das geistige Gebet übergegangen ist, als der Verstand (*nous*) sich auf die Worte des Gebetes konzentrierte und sich gleichzeitig ganz auf den Herrn ausrichtete. Dabei ist aber (wie schon erwähnt) zu beachten, dass der Verstand, gehalten von den Worten des Gebetes, keinerlei Bild oder Vorstellung, Kontur oder Gestalt entwirft. Das geistige Gebet ist ein gänzlich bildloses Gebet. Der Name Jesu selbst und die in ihm enthaltene Kraft rufen die ihnen eigene Wirkung hervor. Der Verstand wird vom Licht Christi erleuchtet und geheiligt.

Die beiden ersten Ebenen oder Phasen sind eine Vorbereitung und Annäherung auf das Ziel allen Mühens im Gebet hin: Der Eintritt des Jesusgebetes in das Herz. Die zwei Ebenen hören dann nicht auf. Das Gebet wird zu einem ganzheitlichen, Leib, Seele, Geist umfassenden und durchdringenden Geschehen. Der Mensch wird mit seinem ganzen Sein in das Geheimnis der Gegenwart Gottes hineingezogen. Der Herr selbst durchdringt unseren *Geist* mit seiner Anwesenheit »wie der Sonnenstrahl das Glas durchdringt«.[19]

Das Herzensgebet oder das Gebet des Verstandes (nous) im Herzen: Es wird, wenn überhaupt, durch Gottes Barmherzigkeit hervorgerufen. Es geschieht nach Aussagen der Väter in der innersten und tiefsten Seite unseres geistlichen Wesens, eben im *Geist*. In der hesychastischen Tradition sind Geist und Herz ein und dieselbe Wirklichkeit. Man braucht mal das eine oder das andere Wort oder auch synonym, manchmal sogar in der Wortverbindung »Geist – Herz«. Es ist das Prinzip, das Leib und Seele eint.
»Seele« (*psychè)* meint unser ganzes psychisches Leben, also Intelligenz, Wille, Gefühl, Vorstellungskraft. »Sie durchseelt den Leib, lebt in seinem Innersten, schwingt, empfindet, sieht, denkt in ihm ... Die Seele wird ständig ... beeinflusst ... von äußeren Bedingungen, Umständen, Begegnungen, Problemen ... Sie ist die Angel zwischen Materie und Geist.«[20]
Wir erleben den Unterschied zwischen Seele und Geist, wenn wir in uns gleichzeitig ein emotionales Aufgewühltsein und eine tiefe Ruhe spüren. Das Unterscheidungsmerkmal des Geist-Herzens ist Friede, Freude, Liebe. Das Geist-Herz ist nach dem Bilde Gottes: Abbild vom Vater als Lebensquell, Abbild von Christus als Wort, Abbild vom Heiligen Geist als Energie und Hauch.

Was heißt nun näherhin die Vereinigung des *Verstandes* mit dem Herzen? Nach Ilarion besteht die Vereinigung des *Verstandes* mit dem Herzen in der Vereinigung unserer Denkfähigkeit oder Urteilskraft, die sich im Kopf

befindet, mit dem *Geist.* Zum Wesen des Geistes gehört die Sehnsucht nach Gott. Hier ist die Quelle unseres andauernden Hingezogenseins zu IHM. Er ist der Sinn für das Göttliche, das Organ zur Aufnahme numinoser Eindrücke. Er nimmt am Irdischen keinen Anteil und wird unmittelbar vom unzugänglichen Licht Christi erleuchtet.
Das Denkvermögen oder die Urteilskraft muss sich deswegen mit dem Geist vereinen, damit das Herz zu einer wirklichen Einheit wird. Solange das nicht geschieht, kann durch das Denkvermögen wie durch eine offene Tür jeder Vagabund eintreten. Erst wenn der Verstand durch den Geist mit Gott verbunden ist, hört das Herumvagabundieren der Gedanken auf.
Die Tätigkeit des Verstandes als unseres Denk- und Urteilsvermögens besteht im Erforschen und Überlegen. Seine Natur ist das Denken und Analysieren, sein Inhalt sind die Begriffe. Er vergleicht, urteilt, zieht logische Schlüsse. Am Ende steht das Wissen, das er sich über die Sinneseindrücke und Erfahrungen, durch Urteilen und Schlussfolgern erworben hat. Welchen Gegenstand er betrachtet, dessen Eindrücke erfüllen ihn. Er regt das Gefühl an und bewegt den Willen zur Erkenntnis.

Das Wissen und *die Tätigkeit* des *Geistes* sind ganz anderer Art. Er kommt zu seinen Erkenntnissen durch unmittelbare Eindrücke aus der übersinnlichen Welt. Im Geist ist gleichsam der »Ort«, wo Urbild und Abbild Gottes sich begegnen, wo der Mensch durch die Vereinigung des Verstandes mit dem Geist zur Erneuerung seiner ursprünglichen Gestalt findet.
Ilarion sagt: Wenn wir keine Ahnung von dieser Wirklichkeit haben, dann können wir auch nicht zum rechten Beten finden, weil wir nicht wissen, wohin wir unsere inneren Seelenkräfte richten sollen. Sind aber alle unsere Seelenkräfte im Zentrum oder in der Wurzel unseres geistlichen Wesens,

d.h. *im Geist*, und damit im Herzen gesammelt und auf Gott ausgerichtet, dann wird der ganze Mensch geistlich und ist mit Gott vereint.
Allen Menschen sind die geistlichen Augen zur Schau Gottes gegeben, wie jedem Leib leibliche Augen zum Sehen. Aber die geistlichen Augen sind von Dunkelheit bedeckt. Sie können das Sonnenlicht nicht schauen.[21]

Beim Herzensgebet wird in der Tradition noch einmal unterschieden zwischen dem Gebet des Verstandes im Herzen und dem vom Heiligen Geist bewirkten, selbsttätigen Gebet. Beim ersten ist noch das eigene bewusste Bemühen im Spiel, das zweite ist reines Geschenk: von Zeit zu Zeit oder als immerwährendes Gebet. Der Übergang zum selbsttätigen Gebet lässt der russische Pilger in seinen »aufrichtigen Erzählungen« anklingen: »Einst früh am Morgen war es so, als habe mich das Gebet geweckt« (S. 35). Bis dahin war er es, der das Gebet gesprochen hat. Jetzt wird der Pilger auf einmal gewahr, dass das Gebet sich von selbst einstellt – das Gebet, das Christus in ihm spricht. »Und endlich fühlte ich, dass das Gebet sich ganz von selbst ohne irgend eine Nötigung meinerseits in mir verwirklichte und vom Geist und Herz nicht nur im wachen Zustande verrichtet wurde, sondern dass es sogar im Schlaf genau ebenso wirkte und durch nichts unterbrochen wurde, nicht für den geringsten Augenblick, gleichviel, was ich tun mochte« (S. 60).
»Üblicherweise kommt das selbsttätige Gebet des Herzens, wenn überhaupt, nur nach der Dauer eines lebenslangen aszetischen Ringens. Es ist das freie Geschenk Gottes, das er gewährt, wie und wann er will, und nicht das unausbleibliche Ergebnis einer bestimmten Technik«.[22]

Der folgende Text kann zusammenfassend als kurze Übungsanleitung genommen werden.

Durch die Erinnerung an Jesus sammle Deinen zerstreuten Geist!

Philotheus vom Sinai

• Vor Beginn des Gebetes stelle Dich in Ehrfurcht in die Gegenwart des HERRN – bis zum Bewusstwerden, dass ER Dich sieht und bereit ist, Dich zu erhören.

• Ehe Du beginnst, den *Namen JESUS* ehrfürchtig und liebend auszusprechen, komme zur Ruhe und sammle Dich und bitte den Heiligen Geist um Erleuchtung und Führung.

• *Sammle Deine Aufmerksamkeit im Herzen.*

• Beginne damit, den *Namen JESUS* ehrfürchtig und liebend auszusprechen. Bleibe fest dabei. Wiederhole ihn. Denke nicht daran, dass Du jetzt den *Namen* anrufst; denke allein an *JESUS*. Sprich langsam, sanft und ruhig seinen *Namen* aus.

• Welche Gebetsformel Du auch immer verwendest, Mittelpunkt und Herzstück der Anrufung muss der heilige *Name* selbst sein, das Wort *JESUS*. In ihm liegt die ganze Kraft der Anrufung.

• Wenn Du den heiligen *Namen* wiederholst, so konzentriere Deine Gedanken, Gefühle und Wünsche nach und nach auf den *Namen*. Sammle in IHM Dein ganzes Wesen. Wie ein Öltropfen auf einem Tuch sich ausbreitet und es durchtränkt, so lass den *Namen* Deine Seele durchdringen. Nicht der kleinste Teil Deines Selbst soll davon ausgenommen sein. Unterwirf Dein ganzes Sein und schließe es in den *Namen* ein.

• Lass den *Namen* Dein Herz nach und nach durchdringen, bis alle Gedanken und Gefühle eins werden und sich in IHM verschmelzen. Lass den *Namen* seine Anziehungskraft ausüben.

Von einem Mönch der Ostkirche

Dabei kann sich die Anrufung des *Namens* schließlich vereinfachen bis auf das eine Wort: *JESUS*.
Wie der Autor der »Wolke des Nichtwissens« kann man auch hier sagen: *Nimm dieses Wort so tief in Dich hinein, dass es nicht verklingt, was auch kommen mag!*

(4) Die Wirkungen des Jesusgebetes

Der wahre Anfang des Gebets, so schreibt der hl. Gregor vom Sinai, ist *ein Gefühl von Wärme im Herzen*. Damit meint er eine spirituelle Erfahrung, die physische Auswirkungen hat. Sie ist verbunden mit einem Gefühl von Ganzheit und ganz frei von Zweifeln, Bildern und Formen. Vertrauen und ruhige Gewissheit bilden gleichsam den Grundton. Alles, was diese Klarheit und Sammlung trübt, deutet auf eine Täuschung hin.

Eine weitere Auswirkung des Jesusgebetes ist ein Gefühl von *Freude und Trauer zugleich* (*charmolýpä*). Freude über Gottes Barmherzigkeit und Trauer über die Erfahrung eigener Gebrochenheit und Verstrickung in das Böse.

Wenn das Jesusgebet in einem Menschen lebendig geworden ist, dann erschließt es ein tiefes und umfassenderes Verständnis der Hl. Schrift.

In Andeutung spricht Gregor noch von der Erfahrung *göttlichen Lichts* (*théosis*), wodurch der Mensch wahrhaft wieder zu Gottes Ebenbild wird. Das göttliche Licht weist sich durch sich selbst aus: Es lässt jedes Ding und jede Person deutlich in ihrem einzigartigen und unwiederholbaren Wesen erscheinen. Gleichzeitig macht es jedes Ding und jede Person so transparent, dass Gottes Gegenwart sich in ihnen zeigt. »Menschen, Bäume, Pflanzen, Tiere, alles war mir unsäglich vertraut, und an allem sah ich das Abbild des Namens Jesu Christi«.[23]

Das hat eine veränderte Beziehung zur Welt und zum Mitmenschen zur Folge, große Klarsicht, ein Erfassen der tiefen Charakterzüge eines

Menschen (*kardiognosis*) und eine außerordentliche Fähigkeit zum Mitleiden.

Aus der Nähe und Verbundenheit mit dem Herrn wächst eine schmerzliche Sehnsucht, auf immer vollständigere Weise am göttlichen Leben teilzuhaben.

6. Der theologische Kontext des Jesusgebetes nach dem hl. Gregor vom Sinai

Die (Wieder-) Entdeckung und Entfaltung der Taufgnade, die Wiederherstellung der Gottebenbildlichkeit

Als Hinführung ein kurzer biografischer Überblick: Der hl. Gregor vom Sinai (1255-1346) ist einer der großen Lehrer des Herzensgebetes. Er war ein Meister des geistlichen Lebens und eher ein praktischer Führer als ein systematischer Theologe. Seine Aufgabe sah er vor allem darin, mit genauen und treffenden Hinweisen seinen Schülern den Weg des Gebetes aufzuzeigen. Nil Sorskij betrachtet ihn als »den tiefsten Geist der Ostkirche«. Gregor hat sich nicht an dem öffentlichen Streit um die Rechtfertigung des Hesychasmus gegenüber »Outsidern« beteiligt. Er sah seine Aufgabe vielmehr darin, seine tiefere Bedeutung denen zu vermitteln, die sich schon auf diesen kontemplativen Weg begeben hatten.

Während seines langen Lebens ist der hl. Gregor vom Sinai viel unterwegs gewesen, vor allem zu Fuß. Geboren um das Jahr 1255 in Koukoulos in der Nähe von Clazomenae an der Westküste von Kleinasien, wird er bei einem türkischen Überfall unter der Herrschaft des Andronikus II. (d. h. nach 1282) gefangen genommen und nach Laodicea an der syrischen Küste verschleppt. Christen dort kaufen ihn wieder frei. Er geht nach Zypern, wo er in einem Kloster für den ersten Grad des monastischen Lebens zugelassen wird, d. h. er wird Novize und bekommt den Mönchshabit. Von dort zieht er weiter zum Katharinenkloster am Sinai, wo er die Tonsur erhält. Von innerer Unruhe getrieben verlässt er aber das Kloster wieder und reist nach Jerusalem, dann nach Kreta. Dort begegnet er dem alten und erfahrenen Mönch Arsenios und spricht mit ihm über seine geistlichen Bemühungen im Katharinenkloster. Arsenios erklärt ihm, das alles sei nur »Praxis«, das wahre geistliche Leben bestehe in der »Theoria«, der Gottesschau, die durch Gebet, Ruhe (*hesychia*) und Wachsamkeit des Geistes zur Lichtwerdung führt. Der alte Mönch unterweist ihn in der Wachsamkeit des Geistes, in der Aufmerksamkeit des Herzens und im reinen Gebet. Das war ein entscheidender Wendepunkt in Gregors geistlicher Entwicklung. Bisher hatte sich sein Gebet und sein geistliches Bemühen auf der Ebene des »aktiven Lebens« = »Praxis« bewegt d. h. es war mit bestimmten äußeren geistlichen Übungen und asketischen Praktiken wie Fasten und Nachtwachen ausgefüllt. Nun wurde er zur Kontemplation geführt.

Von Kreta segelt Gregor zum Athos und, ohne sich aufzuhalten, durchwandert er die ganze Halbinsel in dem Bemühen, andere Mönche zu entdecken, die mit der geistlichen Lehre vertraut waren, wie er sie von Arsenios empfangen hatte. Anfänglich ist er enttäuscht. Sein Biograf Kallistos zitiert ihn: »Ich fand nicht einmal einige wenige Leute, die eine Ahnung von Kontemplation hatten.« Nach langem Suchen entdeckt Gregor schließlich drei Mönche in der Sketis von Magoula, nicht weit von dem Kloster des hl. Philotheos, die einiges Wissen über Kontemplation und inneres Beten besaßen. Alle andern, die er antraf, waren ausschließlich mit dem »aktiven Leben« beschäftigt. Hier in Magoula lässt er sich zunächst nieder, dann in der Nähe des Klosters Simonos Petras. Mit Hilfe des Jesusgebetes erlebt er bald die Erfahrung des inneren Lichts, das er mit dem von den drei Aposteln auf dem Tabor geschauten Licht gleichsetzt.

Solange er auf dem Athos ist, lebt der hl. Gregor vorzugsweise nicht in einem der großen Klöster, sondern in dem halberemitischen Milieu der abgeschlossenen Sketis, in der Gesellschaft eines begrenzten Kreises von ausgewählten Schülern. Er sucht eher ein Leben der Stille und Zurückgezogenheit. Als er für einige Zeit gezwungen ist, in den Mauern der großen Lawra zu wohnen, findet er, dass der ständige Kontakt mit den Mönchen ihm die Hesychia nimmt, nach der er sich sehnt. Andererseits ist Gregor der Überzeugung, dass die Hesychia nicht ein Monopol der Eremiten ist, sondern ebensogut in den großen Klöstern wie in den Städten gelebt werden kann. Wegen wiederholter Überfälle türkischer Räuberbanden verlässt der hl. Gregor mit seinen Schülern ungefähr zwischen 1325 und 1328 den heiligen Berg. Er geht nach Thessaloniki, dann nach Chios mit der Absicht, zum Sinai zurückzukehren. Aber in Chios ändert er seinen Plan und nimmt seinen Weg nach Mytilene und von dort nach Konstantinopel. Nach sechs Monaten Aufenthalt in der Hauptstadt reist er nach Paroria in den Strandzha-Bergen an der Grenze zwischen dem byzantinischen Reich und Bulgarien. Sein erster Aufenthalt dort war relativ kurz. Er kehrt für einige Zeit nach Konstantinopel zurück und zieht dann wieder zum Athos. Aber schließlich lässt er sich noch einmal am Berg Katakryomenos in Paroria nieder, um das Jahr 1335 oder etwas später. In dieser wilden und abgelegenen Gegend baut er eine ansehnliche geistliche Gemeinschaft auf. Während seiner letzten Jahre sammelt er eine beträchtliche Zahl von Mönchen, nicht nur Griechen, sondern auch Bulgaren und Serben. Er erfreut sich der Unterstützung und der Protektion des Zaren Johannes Alexander von Bulgarien. Gregor stirbt mit ungefähr neunzig Jahren am 27. November 1346 in dem von ihm gegründeten Kloster.

Seine Kommunität in Paroria diente als ein Glied zwischen der griechischen und der slavischen Welt und hielt so eine Schlüsselposition in dem, was man die »hesychastische Internationale« nannte. Es waren Mönche von Paroria oder ihre unmittelbaren Schüler, denen die große Renaissance des kontemplativen Mönchtums zu verdanken ist, die das ganze slavische Christentum im späten Mittelalter erfasste.

Sein Schüler und Biograf, der spätere Patriarch Kallistos II. von Konstantinopel (1350-53 und 1355-63), charakterisiert den hl. Gregor als eine Persönlichkeit von großer Wärme, Güte und friedvoller Freude: »Ich sah ihn aus seiner Zelle kommen und sein Gesicht strahlte als lächelte er, und er schaute mich an mit Freude. Er antwortete mir mit großer Milde und Güte, wie es seine Gewohnheit war ... Es war Freude auf seinem Antlitz und Demut in seinem Herzen«.

Das Jesusgebet nimmt in den Schriften des hl. Gregor vom Sinai eine zentrale Stellung ein. »Was ist Gebet?« fragt er und sagt schließlich: »Beten ist Gott, der alles in allen (Menschen) wirkt«. Beten ist Gott, d. h. im tiefsten und vollsten Sinn ist Beten nicht unser eigenes Tun, sondern das Handeln eines Anderen in uns, Teilhabe am Wirken Gottes. Es sind nicht wir, die beim Gebet durch unsere eigenen Bemühungen unseren Geist in unserem Herzen sammeln, sondern der uns einwohnende Tröster. Ohne ihn können wir nichts erreichen. Keiner kann von sich aus seinen Verstand unter Kontrolle bringen, wenn das nicht vom Heiligen Geist geschieht.

Wahres Beten ist also ein Beten, das der Herr Jesus und der Heilige Geist in uns dem Vater darbringt. Gebet ist die Manifestation, das Offenbarwerden der Taufe. Da das Beten Gottes Handeln in uns ist, und da Gott durch das Sakrament der Taufe in unseren Herzen wohnt, ist das Gebet wesentlich die Entdeckung und Entfaltung der Taufgnade. Das Ziel unseres Gebetslebens ist, diese göttliche Gegenwart in uns zum Leuchten zu bringen, die Hindernisse der Sünde zu überwinden, so dass die Taufgnade in unserem Herzen sich voll auswirken kann. Beten heißt also, das zu werden, was wir schon sind, das zu erreichen, was uns schon gegeben ist: Von Angesicht zu Angesicht dem zu begegnen, der in unserem Innersten selbst wohnt. Dadurch wird unsere Gottebenbildlichkeit wiederhergestellt. Das gesamte asketische und kontemplative (mystische) Leben ist schon im Sakrament der Taufe enthalten.

Das ist die grundlegende theologische Orientierung für das Jesusgebet beim hl. Gregor. Gebet ist Gott in uns; Gott, der in unseren Herzen durch die Taufe wohnt. Beten ist: vom Zustand der Taufgnade, die verborgen und unbewusst in uns gegenwärtig ist, überzugehen zu ihrer vollen, bewussten Wahrnehmung, wobei wir das Wirken der Gnade direkt und unmittelbar in uns erfahren. Gregor sagt, dass die Taufgnade und die Gegenwart des uns einwohnenden Gottes wieder entdeckt wird durch asketisches Bemühen und durch die kontemplative Übung des Jesusgebetes. Der erste Weg ist der des sog. »aktiven Lebens«, den Gregor selbst gegangen ist, bis er dem Mönch Arsenios auf Kreta begegnete. Der andere Weg ist der des Gebetes, der vor allem charakterisiert wird als Erinnerung an Gott. Damit ist das ununterbrochene Anrufen des Namens Jesus gemeint. Genau genommen sind beide Wege keine Alternativen. Das »aktive Leben« ist nicht ein Zustand, durch den man hindurchgeht, so, als könne man ihn dann ein- für allemal hinter sich lassen. Gregors Anliegen ist, dass wir uns nicht nur auf der aktiven Ebene abmühen, weil es noch eine weitere Dimension des geistlichen Lebens gibt, in die wir auch eintreten können, wobei das immerwährende Herzensgebet eine Gnade bleibt.

Das Ziel allen kontemplativen Bemühens ist also die Vereinigung mit Gott, die Begegnung mit IHM von Angesicht zu Angesicht in unserem Innersten und damit ein Leben, das die in der Taufe uns gegebene göttliche »Energie« voll zur Entfaltung bringt. Der Weg zu diesem Leben in Gottes Gegenwart ist die Hesychia, das Schweigen des Herzens, in dem die Quelle der göttlichen »Energie« aufbrechen kann. Das Mittel, um diesen Weg des inneren Schweigens begehen zu können, ist die Übung des Jesusgebetes als bewusste Hinwendung des ganzen Menschen zur Person Jesu Christi.

So ergibt sich als *innere Voraussetzung für die Praxis des Herzensgebetes* der Glaube an Jesus Christus als den Mensch gewordenen Sohn Gottes, in dem Gottes heilende und erlösende Gegenwart Antlitz und Gestalt bekommen hat. Dazu gehört die volle und aktive Mitgliedschaft in der Gemeinschaft der Glaubenden, d. h. auch die Teilnahme am sakramentalen Leben der Kirche. In einer Zeit religiöser Desorientierung und starker Verwerfungen im kirchlichen Leben wird es m. E. zunächst genügen, wenn jemand bei der aufrichtigen Suche nach Sinn in Jesus von Nazareth anfanghaft die Quelle seines Lebens entdeckt hat und zu ihr unterwegs ist.

Anmerkungen

[1] Kallistos Ware, Schweigen im Gebet, S. 433

[2] Ware, S. 444

[3] vgl. Ilarion, S. 89 und 91

[4] vgl. Jesusgebet, Nr. 1

[5] Jesusgebet, Nr. 10

[6] Jesusgebet, Nr. 29

[7] Selawry, S. 89

[8] vgl. Jesusgebet, Nr. 9 und 10

[9] vgl. Selawry, S. 61

[10] vgl. Ilarion, S. 128/129

[11] Selawry, S. 78

[12] vgl. Ilarion, S. 129

[13] Selawry, S. 79

[14] vgl. Jesusgebet, Nr. 16

[15] Ilarion, S. 104

[16] Selawry, S. 91

[17] Selawry, S. 81

[18] Ilarion, S. 130

[19] Ilarion S. 54

[20] A. u. G. Goettmann, S. 111/112

[21] vgl. Ilarion, S. 169-189

[22] Kallistos Ware, Emmanuel Jungclaussen, Hinführung zum Herzensgebet, S. 55

[23] Aufrichtige Erzählungen, S. 115/116

Literaturnachweise zum Herzensgebet

Philokalie der heiligen Väter der Nüchternheit, Bd. 1-6, Verlag »Der christliche Osten«, Würzburg 2004

Writings from the Philokalia on Prayer of the Heart,translated by E. Kadloubovsky and G. E. H. Palmer, Faber & Faber, London [10]1979

The Art of Prayer, an Orthodox Anthology, compiled by Igumen Chariton of Valamo translated by E. Kadloubovsky and E. M. Palmer edited with an introduction by Timothy Ware, Faber & Faber, London [6]1981

Aufrichtige Erzählungen eines russischen Pilgers, herausgegeben und eingeleitet von Emmanuel Jungclaussen, Herder [18]1990, oder: Herder Spektrum Taschenbuch [11]2004

Das Jesusgebet, Anleitung zur Anrufung des Namens Jesus, von einem Mönch der Ostkirche herausgegeben und eingeleitet von Emmanuel Jungclaussen, Regensburg [7]2001

Das immerwährende Herzensgebet, Ein Weg geistiger Erfahrung, Russ. Originaltexte zusammengestellt und übersetzt von Alla Selawry, Barth Verlag [6]1994

Schule des Herzensgebetes, Die Weisheit des Starez Theophan, mit einer Einführung von Josef Sudbrack SJ, Salzburg 1985

Schimonach Ilarion, auf den Bergen des Kaukasus, Gespräch zweier Einsiedler über das Jesus-Gebet, Otto Müller Verlag, Salzburg 1991

Alphonse und Rachel Goettmann, In Deinem Namen ist mein Leben, Die Erfahrung des Jesusgebetes, mit einem Geleitwort von Abt Emmanuel Jungclaussen OSB, Herder 1993

Abt Immanuel Jungclaussen, Unterweisung im Herzensgebet, St. Ottilien ^{2}2004

Peter Köster, Beten lernen, Konkrete Anleitungen, praktische Übungen, spirituelle Impulse, St. Benno-Verlag, Leipzig 2003

Jean-Yves Leloup, Das Herzensgebet nach Starez Seraphim vom Berge Athos, Neumühlen-Texte 1

John Main, Der Pfad der Meditation, Otto Müller Verlag, Salzburg 1985

ders., Meditieren mit den Vätern, Vier-Türme-Verlag Münsterschwarzach 1983

Willi Massa (Hg.), Die Höhle des Herzens, Mantra-Praxis und Namensgebet, Butzon & Bercker 1982

Alfons Rosenberg, Die Meditation des Herzensgebetes, Ein christlicher Weg der Meditation-mit einer Ein-führung in Methode und Praxis, Barth Verlag 1983

Michael Schneider, Das Herzensgebet, Eine Hinführung zur Theologie und Praxis des Jesusgebetes, Köln ^{2}2003

Thomas Spitlik, Theophan der Rekluse, in: Gerhard Ruhbach, Josef Sudbrack, Große Mystiker-Leben und Wirken, München 1984, S. 282ff.

ders., Die Starzen im Alten Russland, Laienmönche als »geistliche Väter« in: Geist und Leben, 1985, Heft 2

Georgi Tertyschnikow, Auf dem Wege zu Gott, Leben und Lehre des Starzen Theophan, Benno Verlag, Leipzig 1978

Kallistos Ware, Emmanuel Jungclaussen, Hinführung zum Herzensgebet, Herder ^{9}2002

Kallistos Ware, Schweigen im Gebet, Was »Hesychia« bedeutet, in: Erbe und Auftrag, Benediktinische Monatszeitschrift (Beuron), 51. Jg., Dez. 1975, S. 427-447

ders., The Jesus Prayer in St. Gregory of Sinai, in: Eastern Church Review IV (1972), S. 3-22

In gleicher Ausstattung von Peter Köster

ZUHAUSE AUF DEM WEG

Meditationsimpulse zu Zeichen, Bildern und Symbolen aus dem Johannesevangelium
122 Seiten, gebunden,
EOS-Verlag, Euro 12,00
ISBN 3-8306-6995-X

Mit der Schriftmeditation ist es wie mit einem kleinen Acker, in dem die Splitter eines kostbaren Spiegels verborgen liegen. Jemand ging vorüber und sah einen Splitter aus dem Boden leuchten. Er zog ihn heraus, betrachtete ihn und entdeckte darin ein Stück von sich selbst. Da fing er an zu graben, um noch mehr von sich selbst zu entdecken ...

Wer das Johannesevangelium tiefer verstehen will, muss nach dem geistlichen Sinn forschen. Die Hinführung von Peter Köster erschließt die Sprache der Bilder und Symbole im Evangelium des »Lieblingsjüngers«.